ကျောင်း - school   2
ခရီးသွားသည် - travel   5
သယ်ယူပို့ဆောင်ရေး - transport   8
မြို့တော် - city   10
ရှုခင်း - landscape   14
စားသောက်ဆိုင် - restaurant   17
စူပါမားကတ် - supermarket   20
သောက်စရာများ - drinks   22
အစားအစာ - food   23
လယ်ယာ - farm   27
အိမ် - house   31
ဧည့်ခန်း - living room   33
မီးဖိုချောင် - kitchen   35
ရေချိုးခန်း - bathroom   38
ကလေး အခန်း - child's room   42
အဝတ်အစား - clothing   44
ရုံးခန်း - office   49
စီးပွားရေး - economy   51
အလုပ်အကိုင်များ - occupations   53
ကိရိယာ တန်ဆာပလာများ - tools   56
ဂီတတူရိယာများ - musical instruments   57
တိရိစ္ဆာန်ရုံ - zoo   59
အားကစားများ - sports   62
လှုပ်ရှားမှုများ - activities   63
မိသားစု - family   67
ကိုယ်ခန္ဓာ - body   68
ဆေးရုံ - hospital   72
အရေးပေါ် - emergency   76
ကမ္ဘာမြေကြီး - Earth   77
နာရီ - clock   79
ရက်သတ္တပတ် - week   80
နှစ် - year   81
ပုံစံများ - shapes   83
အရောင်များ - colours   84
ဆန့်ကျင်ဖက်များ - opposites   85
နံပါတ်များ - numbers   88
ဘာသာစကားများ - languages   90
ဘယ်သူ / ဘာ / ဘယ်လိုပုံ - who / what / how   91
ဘယ်နေရာလဲ - where   92

Impressum
Verlag: BABADADA GmbH, Nedderfeld 112 , 22529 Hamburg
Geschäftsführer / Verlagsleitung: Harald Hof
Druck: Books on Demand GmbH, In de Tarpen 42, 22848 Norderstedt

Imprint
Publisher: BABADADA GmbH, Nedderfeld 112 , 22529 Hamburg, Germany
Managing Director / Publishing direction: Harald Hof
Print: Books on Demand GmbH, In de Tarpen 42, 22848 Norderstedt

ကျောင်း

school

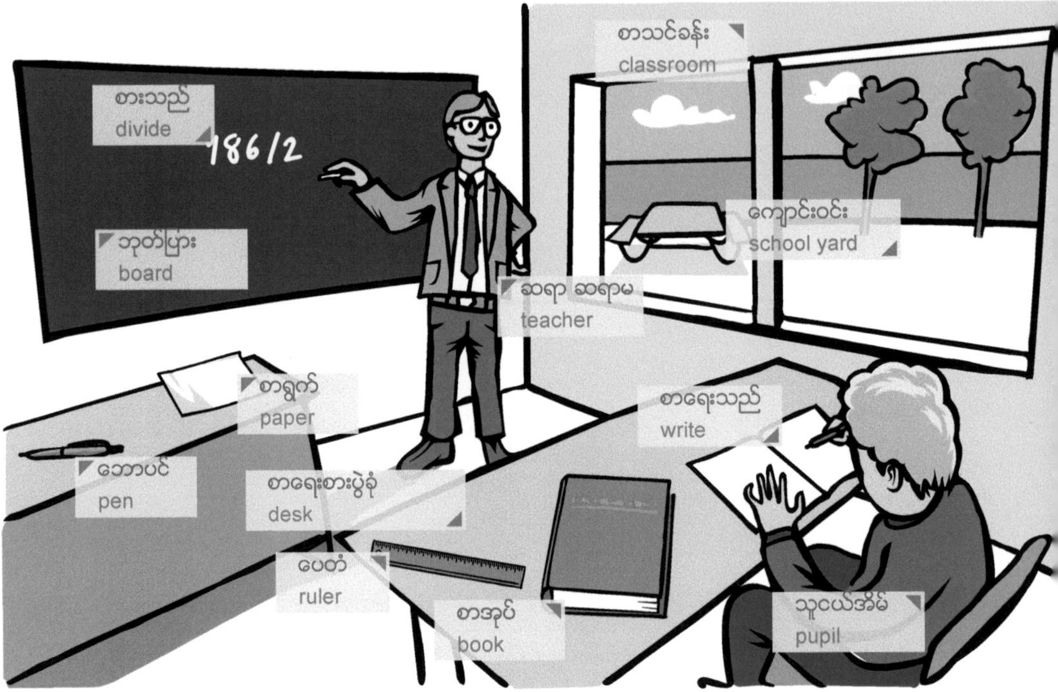
စာသင်ခန်း
classroom
စားသည်
divide
186/2
ဘုတ်ပြား
board
ကျောင်းဝင်း
school yard
ဆရာ ဆရာမ
teacher
စာရွက်
paper
စာရေးသည်
write
ဘောပင်
pen
စာရေးစားပွဲခုံ
desk
ပေတံ
ruler
စာအုပ်
book
သူငယ်အိမ်
pupil

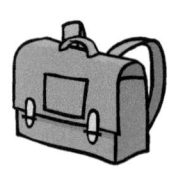

အဖုံးပါ ဘေးလွယ်အိတ်

satchel

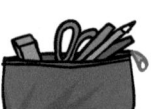

ခဲတံဗူး

pencil case

ခဲတံ

pencil

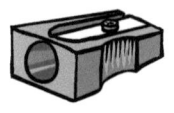

ချွန်စက်

pencil sharpener

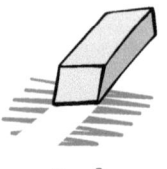

ခဲဖျက်

rubber

ပုံဆွဲစာအုပ်

drawing pad

ပုံဆွဲခြင်း

drawing

ဆေးခြယ်သည့် စုပ်တံ

paintbrush

အရောင်စုံ ဘူး

paint box

ကပ်ကြေး

scissors

ကော်

glue

လေ့ကျင့်ခန်းစာအုပ်

exercise book

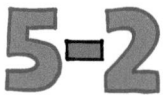

အိမ်စာ

homework

နံပါတ်

number

ပေါင်းသည်

add

နုတ်သည်

subtract

မြှောက်သည်

multiply

တွက်ပါ

calculate

A

စာ

letter

ABCDEFG
HIJKLMN
OPQRSTU
VWXYZ

အက္ခရာ

alphabet

စကားလုံး

word

ဖတ်စာအုပ်

text

ဖတ်သည်

read

မြေဖြူ

chalk

သခန်းစာ

lesson

ကျောင်းခေါ်ချိန်
မှတ်တမ်းစာအုပ်

register

စာမေးပွဲ

exam

အထောက်အထားလက်မှတ်

certificate

ကျောင်းဝတ်စုံ

school uniform

ပညာရေး

education

စွယ်စုံကျမ်း

encyclopedia

တက္ကသိုလ်

university

အနုကြည့်မှန်ပြောင်း

microscope

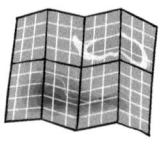

မြေပုံ

map

အမှိုက်စက္ကူ‌ပုံး

waste-paper basket

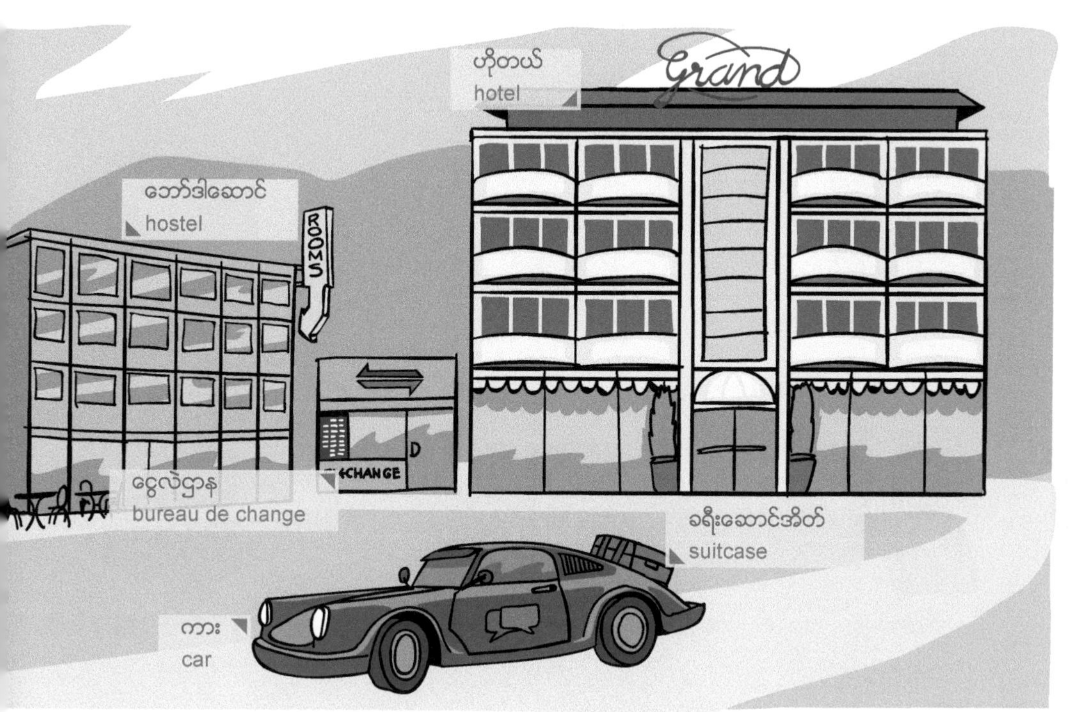

ဟိုတယ်
hotel
Grand
ဘော်ဒါဆောင်
hostel
ROOMS
CHANGE
ငွေလဲဌာန
bureau de change
ခရီးဆောင်အိတ်
suitcase
ကား
car

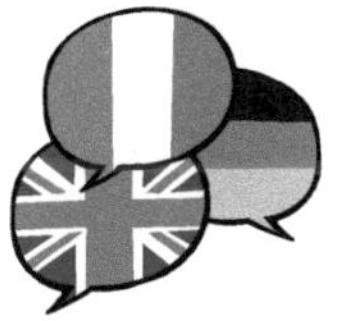

ဘာသာစကား

language

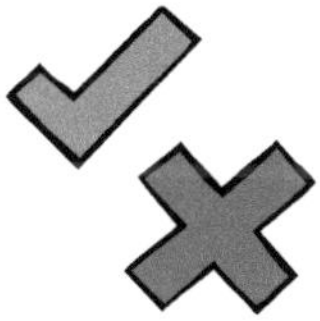

မှန် / မှား

yes / no

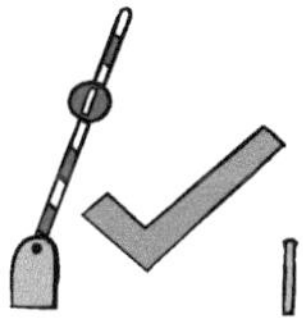

အိုကေ

Okay

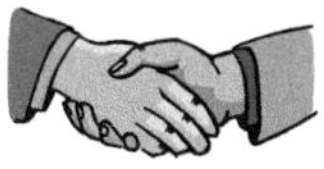

ဟယ်လို

hello

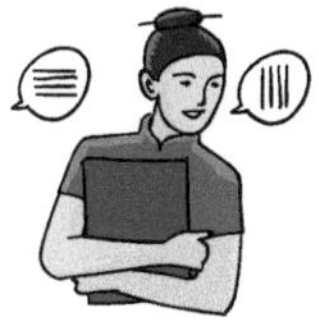

ဘာသာပြန်

translator

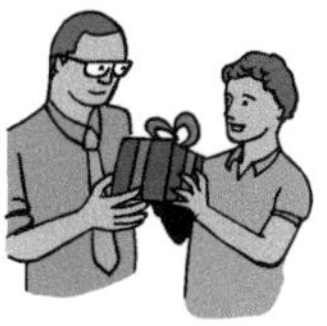

ကျေးဇူးတင်ပါတယ်

Thank you

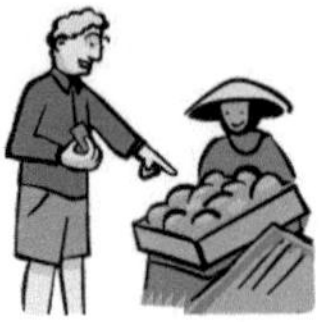

......က ဘယ်လောက်လဲ။

....

how much is…?

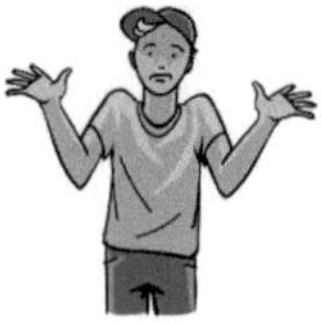

ကျွန်ုပ် နားမလည်ဘူး

....

I do not understand

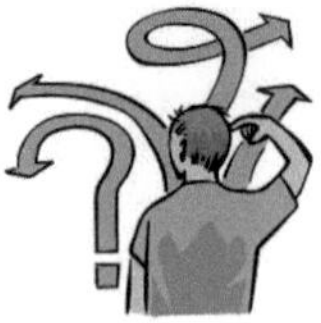

ပြဿနာ

....

problem

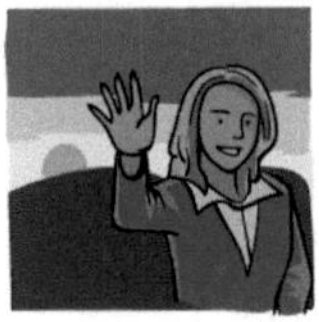

မင်္ဂလာ ညနေခင်းပါ။

....

Good evening!

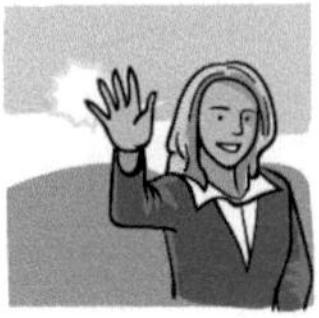

မင်္ဂလာ နံနက်ခင်းပါ။

....

Good morning!

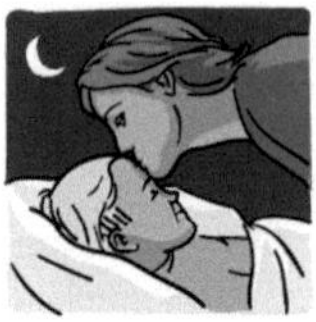

မင်္ဂလာ ညပါ။

....

Good night!

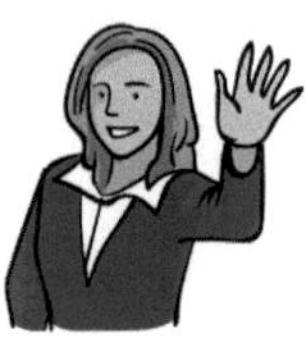

ဘိုင်းဘိုင်

....

bye bye

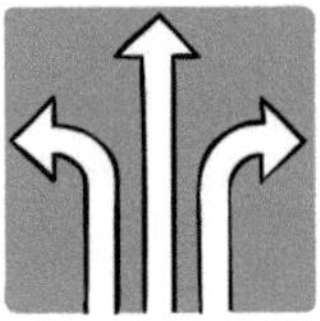

ဦးတည်ရာ

....

direction

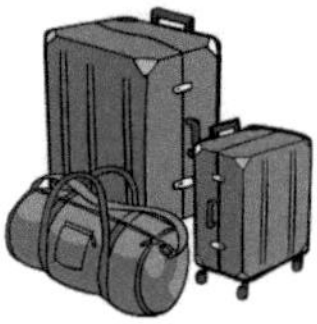

ခရီးဆောင်သေတ္တာ

....

luggage

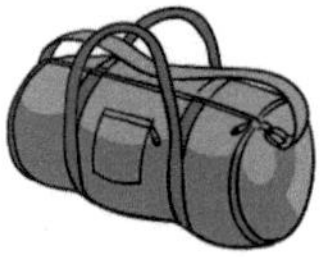

အိတ်

....

bag

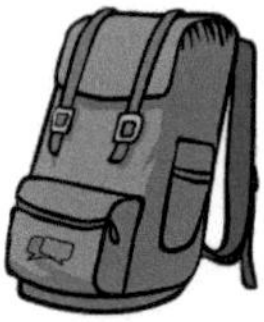

ကျောပိုးအိတ်

....

backpack

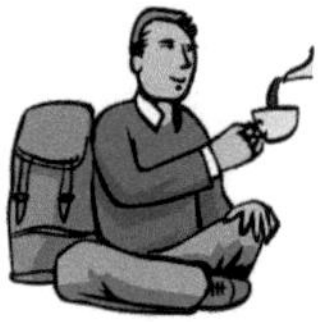

ဧည့်သည်

....

guest

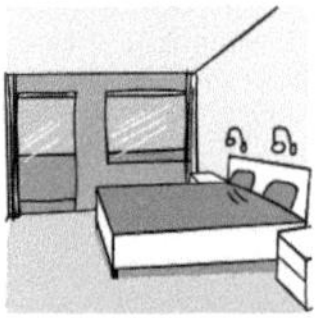

အခန်း

....

room

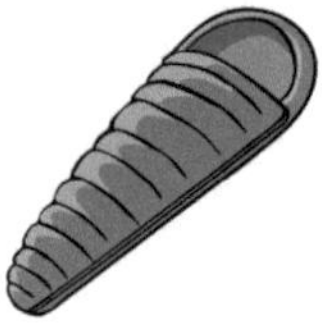

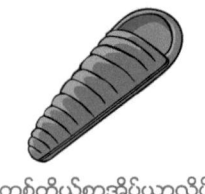

တစ်ကိုယ်စာအိပ်ယာလိပ်

....

sleeping bag

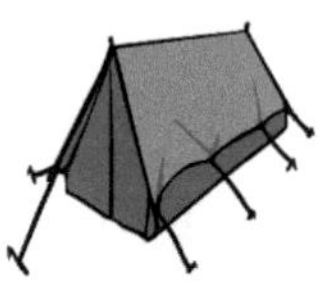

ရွက်ထည်တဲ

....

tent

ခရီးသွားဧည့်သည်သည်အတွက်
သတင်းအချက်အလက်

tourist information

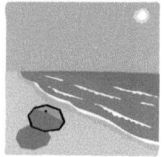

ကမ်းခြေ

beach

အကြွေးဝယ်ကတ်

credit card

နံနက်စာ

breakfast

နေ့လည်စာ

lunch

ညစာ

dinner

လက်မှတ်

ticket

ဓာတ်လှေကား

lift

တံဆိပ်ခေါင်း

stamp

နယ်စပ်

border

အခွန်များ

customs

သံရုံး

embassy

ဗီဇာ

visa

နိုင်ငံကူးလက်မှတ်

passport

သယ်ယူပို့ဆောင်ရေး

transport

လေယာဉ်ပျံ
aeroplane

သင်္ဘော
ship

မီးသတ်ကား
fire engine

ထရပ်ကား
truck

ဘတ်စ်ကား
bus

မော်တော်ဘုတ်
motorboat

စက်ဘီး
bike

ကား
car

ဖယ်ရီသင်္ဘော
ferry

လှေ
boat

မော်တော်ဆိုက်ကယ်
motorbike

ရဲကား
police car

ပြိုင်ကား
racing car

စင်းလုံးငှားကား
rental car

ကားဝေမျှသုံးစွဲခြင်း

car sharing

ပျက်နေသော ထရပ်ကား

breakdown truck

အမှိုက်သယ်ယာဉ်

refuse truck

မော်တာ

motor

လောင်စာ

fuel

ဓာတ်ဆီဆိုင်

petrol station

လမ်းကြောပြ ဆိုင်းဘုတ်

traffic sign

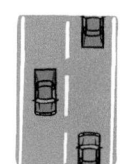

ယာဉ်အသွားအလာ

traffic

လမ်းကြောပိတ်ဆို့မှု

traffic jam

ကားရပ်နားရာနေရာ

car park

ရထားဘူတာရုံ

train station

လမ်းကြောင်းများ

tracks

ရထား

train

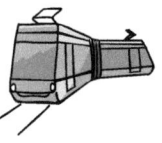

ဓာတ်ရထား

tram

ရထားလုံး

carriage

ဟယ်လီကော်ပီတာ

helicopter

လေဆိပ်

airport

တာဝါ

tower

ခရီးသည်

passenger

ထည့်စရာပုံး

container

ကတ်ထူပုံး

carton

လှည်း

cart

ခြင်း

basket

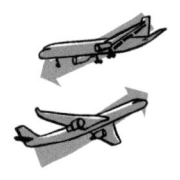

ထွက်ခွာ / ဆိုက်ရောက်

take off / land

မြို့တော်

city

ကျေးရွာ

village

မြို့လယ်ခေါင်

city centre

အိမ်

house

ရုပ်ရှင်ရုံ
cinema

ကြော်ငြာ
advert

လမ်းမီးတိုင်
street lamp

CINEMA

လမ်းသွယ်
street

တက္ကစီ
taxi

သွားရေစာ ဆိုင်
snack shop

လမ်းလျှောက်သွားသူ
pedestrian

ခင်းထားသည့်လမ်း
pavement

လူကူးမျဉ်းကြား
zebra crossing

ပုံး
bin

လမ်းကူး
crossing

မီးပွိုင့်
traffic lights

တဲအိမ်
hut

နေအိမ်ခန်း
flat

ရထားဘူတာရုံ
train station

မြို့တော်ခန်းမ
town hall

ပြတိုက်
museum

ကျောင်း
school

မြို့တော် - city

11

တက္ကသိုလ်

university

ဘဏ်

bank

ဆေးရုံ

hospital

ဟိုတယ်

hotel

ဆေးဆိုင်

pharmacy

ရုံးခန်း

office

စာအုပ်ဆိုင်

book shop

ဆိုင်

shop

ပန်းရောင်းသူ၏

florist's

စူပါမားကတ်

supermarket

ဈေး

market

ပစ္စည်းမျိုးစုံရောင်းသည့်
စတိုးဆိုင်ကြီး

department store

ငါးရောင်းသူ၏

fishmonger's

ဈေးဝယ်စင်တာ

shopping centre

သင်္ဘောဆိပ်

harbour

မြို့တော် - city

အနားယူပန်းခြံ
park

ထိုင်ခုံတန်း
bench

တံတား
bridge

လှေကားထစ်များ
stairs

မြေအောက်
underground

ဥမင်လိုင်ခေါင်း
tunnel

ဘတ်စ်ကားမှတ်တိုင်
bus stop

ဘား
bar

စားသောက်ဆိုင်
restaurant

စာတိုက်သေတ္တာ
postbox

လမ်းဆိုင်းဘုတ်
street sign

ကားရပ်နားခ ကောက်ခံသည့်
မီတာ
parking meter

တိရိစ္ဆာန်ရုံ
zoo

ရေကူးကန်
swimming pool

ဗလီ
mosque

လယ်ယာ

farm

ညစ်ညမ်းမှု

pollution

သချ်ိုင်းကုန်း

graveyard

ဘုရားရှိခိုးကျောင်း

church

ကစားကွင်း

playground

ဘုရားကျောင်း

temple

ရှုခင်း

landscape

သစ်ရွက်
leaf

ဆိုင်းဘုတ်
signpost

လမ်း
way

မြက်ခင်း
meadow

ကျောက်တုံး
stone

တောင်တက်သမား
hiker

သစ်ပင်
tree

မြစ်
river

မြက်
grass

ပန်း
flower

တောင်ကြား
valley

တောင်ကုန်း
hill

ရေကန်
lake

သစ်တော
forest

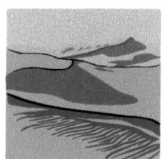

သဲကန္တာရ
desert

မီးတောင်
volcano

ရဲတိုက်
castle

သက်တန့်
rainbow

မှို
mushroom

ထန်းပင်
palm tree

ခြင်
mosquito

ပျံသန်းသည်
fly

ပုရွက်ဆိတ်
ant

ပျား
bee

ပင့်ကူ
spider

ပိုးတောင်မာ

beetle

ဖား

frog

ရှဉ့်

squirrel

ဖြူကောင်

hedgehog

ယုန်

hare

ဇီးကွက်

owl

ငှက်

bird

ငန်း

swan

တောဝက်

boar

သမင်

deer

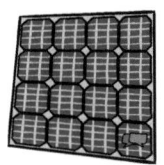

ချိုပြားဒရယ်

moose

ဆည်

dam

လေအားသုံး
လျှပ်စစ်ဓာတ်အားပေးစက်

wind turbine

နေရောင်ခြည်ခံပြား

solar panel

ရာသီဥတု

climate

စားပွဲထိုး
waiter

မီနူး
menu

ထိုင်ခုံ
chair

ဟင်းချို
soup

ပီဇာ
pizza

ဇွန်းခက်ရင်း
cutlery

စားပွဲခင်း
tablecloth

ပထမဆုံး စားသည့် အစာ

starter

ပင်မ အစာ

main course

အချိုပွဲ

dessert

သောက်စရာများ

drinks

အစားအစာ

food

ပုလင်း

bottle

အသင့်ပြင်ပြီးသား အစားအစာ
....
fast food

လမ်းဘေးအစားအစာ
....
street food

လက်ဖက်ရည်အိုး သို့မဟုတ်
ရေနွေးကြမ်းအိုး
teapot

သကြားအိုး
....
sugar bowl

တစ်ယောက်စာ
....
portion

အက်စ်ပရက်ဆို ကော်ဖီစက်
....
espresso machine

ထိုင်ခုံအမြင့်
....
high chair

ငွေတောင်းခံလွှာ
....
bill

ပန်း
....
tray

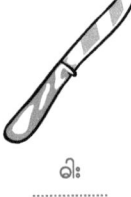

ဓါး
....
knife

ခက်ရင်း
....
fork

ဇွန်း
....
spoon

လက်ဖက်ရည်ဇွန်း
....
teaspoon

လက်သုတ်ပုဝါ
....
serviette

ရေသောက်ဖန်ခွက်
....
glass

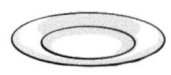

ပန်းကန်ပြား

plate

ဟင်းချိုပန်းကန်ပြား

soup plate

ပန်းကန်ပြား

saucer

ဆော့စ်

sauce

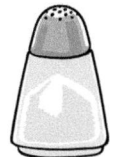

ဆားအိုး

salt pot

ငရုတ်ကောင်း ချေစက်

pepper mill

ရှာလကာရည်

vinegar

ဆီ

oil

ဟင်းခတ်အမွှေးအကြိုင်

spices

ခရမ်းချဉ်သီးဆော့စ်

ketchup

မုန်ညင်းဆီဆော့စ်

mustard

မယိုးနိစ်

mayonnaise

စူပါမားကတ်

supermarket

အထူးကမ်းလှမ်းချက်
special offer
FOR
ဖောက်သည် သို့မဟုတ် ဈေးဝယ်သူ
customer
နို့ထွက်ပစ္စည်း
dairy
သစ်သီး
fruit
ထရော်လီလှည်း
trolley

BUTCHERS

သားသတ်သမား၏

butcher´s

BAKERY

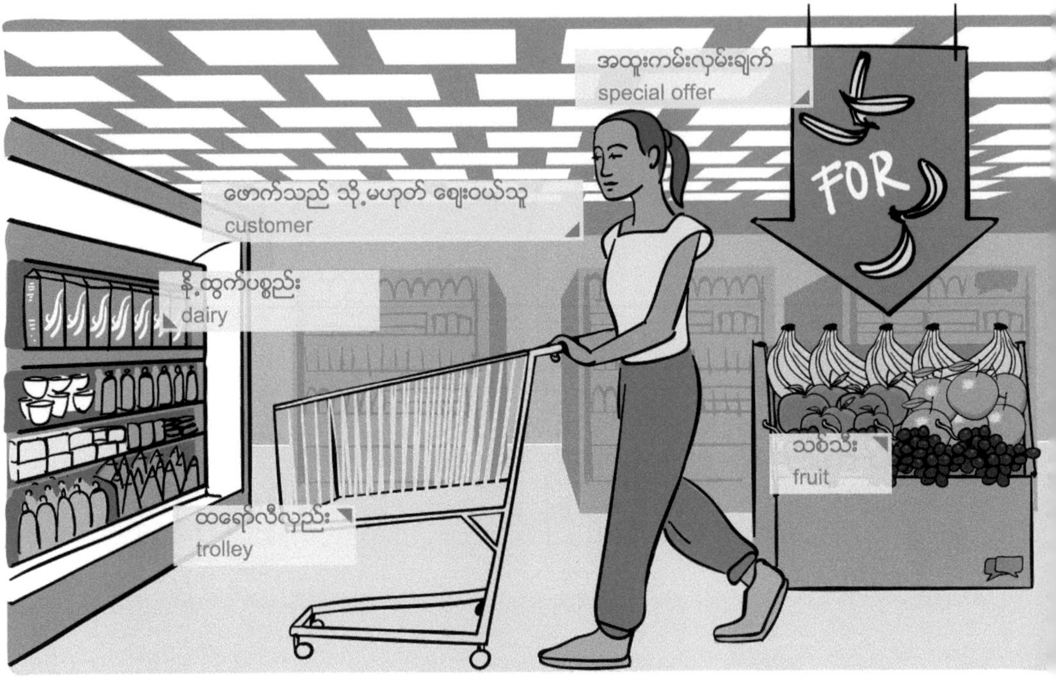

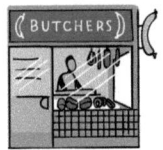

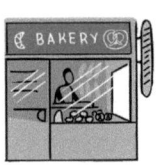

မုန့်ဖုတ်သမား၏

baker´s

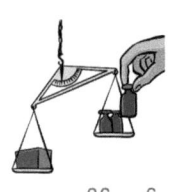

အလေးချိန်သည်

weigh

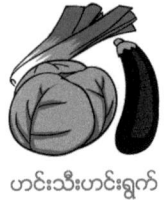

ဟင်းသီးဟင်းရွက်

vegetables

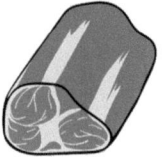

အသား

meat

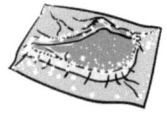

အေးခဲထားသည့် အစားအစာ

frozen food

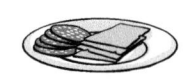

ရှင်ဆင်ထားသော အသားအေး

cold meat

သံဗူးသွပ် အစားအစာ

tinned food

ဆပ်ပြာမှုန့်

washing powder

သကြားလုံးများ

sweets

အိမ်သုံး ပစ္စည်းများ

household products

သန့်ရှင်းရေး ပစ္စည်းများ

cleaning products

ဈေးရောင်းသူ

salesperson

အထိ

till

ငွေကိုင်

cashier

ဈေးဝယ်စာရင်း

shopping list

ဖွင့်ချိန်နာရီများ

opening hours

အိတ်ဆောင် ပိုက်ဆံအိတ်

wallet

အကြွေဝယ်ကတ်

credit card

အိတ်

bag

ပလတ်စတစ်အိတ်

plastic bag

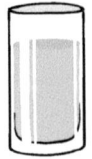

ရေ

water

သစ်သီးဖျော်ရည်

juice

နွားနို့

milk

ကိုကာကိုလာ

coke

ဝိုင်

wine

ဘီယာ

beer

အရက်

alcohol

ကိုကိုးမှုန့်

cocoa

လက်ဖက်ရည် သို့ မဟုတ်
ရေနွေးကြမ်း

tea

ကော်ဖီ

coffee

အက်စ်ပရက်ဆို ကော်ဖီ

espresso

ကပူချီနိုကော်ဖီ

cappuccino

ငှက်ပျောသီး

banana

ပန်းသီး

apple

လိမ္မော်သီး

orange

ဖရဲသီးမျိုးဝင်

melon

သံပုယိုသီး

lemon

မုန်လာဥနီ

carrot

ကြက်ညှန်ဖြူ

garlic

မျှစ်

bamboo

ကြက်သွန်နီ

onion

မို့

mushroom

ပဲစေ့များ

nuts

ခေါက်ဆွဲ

noodles

စပါဂတီ ခေါ် အီတလီ ခေါက်ဆွဲ

spaghetti

ထမင်း

rice

ဆလပ်ရွက်သုတ်

salad

အကြွပ်ကြော်များ

chips

အာလူးကြော်

fried potatoes

ပီဇာ

pizza

ဟမ်ဘာဂါ

hamburger

အသားညှပ်ပေါင်မုန့်

sandwich

ကတ်တလိပ်

cutlet

ဝက်ပေါင်ခြောက်

ham

ဆလာမီ

salami

ဝက်အူချောင်း

sausage

ကြက်သား

chicken

ရို့စ်လုပ်ခြင်း

roast

ငါး

fish

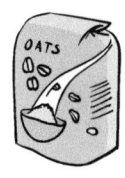

ကွေကာအုတ်

porridge oats

မျိုးစလီ

muesli

ပြောင်းစေ့ပြား

cornflakes

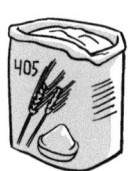

ဂျုံမှုန့်

flour

ခရာဆွန်း ခေါ်
ပြင်သစ်ပေါင်မုန့်တစ်မျိုး

croissant

ပေါင်မုန့်လိပ်

bread roll

ပေါင်မုန့်

bread

ပေါင်မုန့်မီးကင်

toast

ဘီစကစ်

biscuits

ထောပတ်

butter

ဒိန်ခဲ

curd

ကိတ်မုန့်

cake

ဥ

egg

ဥကြော်

fried egg

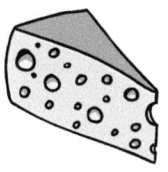

ချိစ်

cheese

ရေခဲမုန့်
....
ice cream

သကြား
....
sugar

ပျားရည်
....
honey

ယို
....
jam

ယိုသုတ်စားသည့် ချောကလက်
....
chocolate spread

ဟင်း
....
curry

အစားအစာ - food

လယ်ယာ
farm

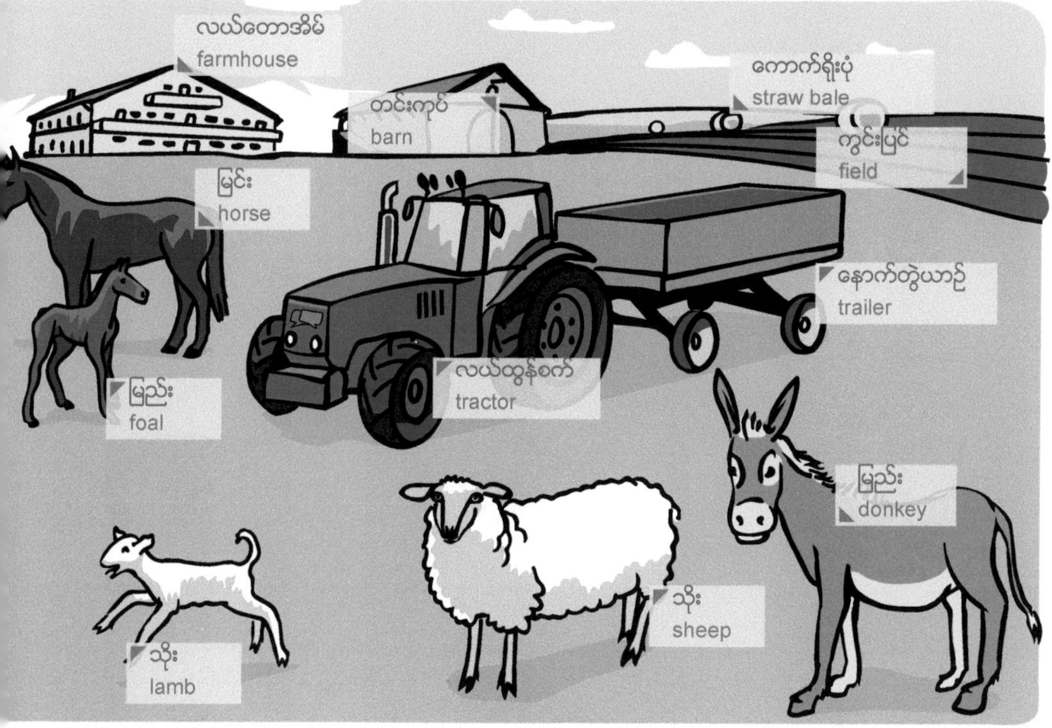

လယ်တောအိမ်
farmhouse
တင်းကုပ်
barn
ကောက်ရိုးပုံ
straw bale
ကွင်းပြင်
field
မြင်း
horse
နောက်တွဲယာဉ်
trailer
လယ်ထွန်စက်
tractor
မြည်း
foal
မြည်း
donkey
သိုး
sheep
သိုး
lamb

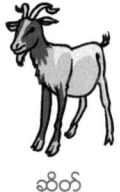

ဆိတ်

goat

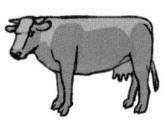

နွားမ

cow

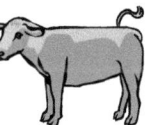

နွားလေး

calf

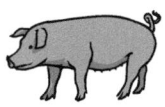

ဝက်

pig

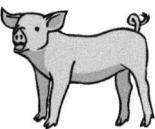

ဝက်ကလေး

piglet

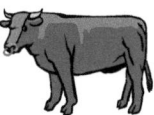

နွားထီး

bull

ဘဲငန်း

goose

ဘဲ

duck

ကြက်ပေါက်ကလေး

chick

ကြက်မ

hen

ကြက်ဖ

cock

ကြွက်

rat

ကြောင်

cat

ကြွက်ကလေး

mouse

နွားထီး

ox

ခွေး

dog

ခွေးအိမ်

doghouse

ပန်းခြံရေပိုက်

garden hose

ရေလောင်းသည့်ခွက်

watering can

တံစဉ်အပြားကြီး

scythe

ထယ်

plough

တံစဉ်
sickle

ပေါက်ပြား
hoe

ကောက်ဆွ
pitchfork

ပေါက်ချွန်း
axe

ဘီးတပ် လက်တွန်းလှည်း
wheelbarrow

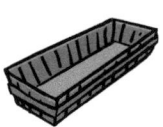

စားခွက်
trough

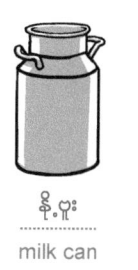

နို့ဗူး
milk can

အိတ်
sack

ခြံစည်းရိုး
fence

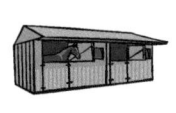

မြင်းဇောင်း
stable

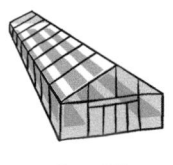

မှန်လုံအိမ်
greenhouse

မြေကြီး
soil

အစေ့
seed

မြေသြဇာ
fertilizer

စုပေါင်း ရိတ်သိမ်းသူ
combine harvester

ရိတ်သိမ်းသည်

harvest

ရိတ်သိမ်းသည်

harvest

ဝီလောပီနံ

yams

ဂျုံ

wheat

ပဲပုပ်

soy

အာလူး

potato

ပြောင်း

corn

နံစားပြောင်းဆီ

rapeseed

အသီးပင်

fruit tree

ဝီလောပီနံ

cassava

စီရီရယ် ခေါ် နံနက်စာတစ်မျိုး

cereals

အိမ်

house

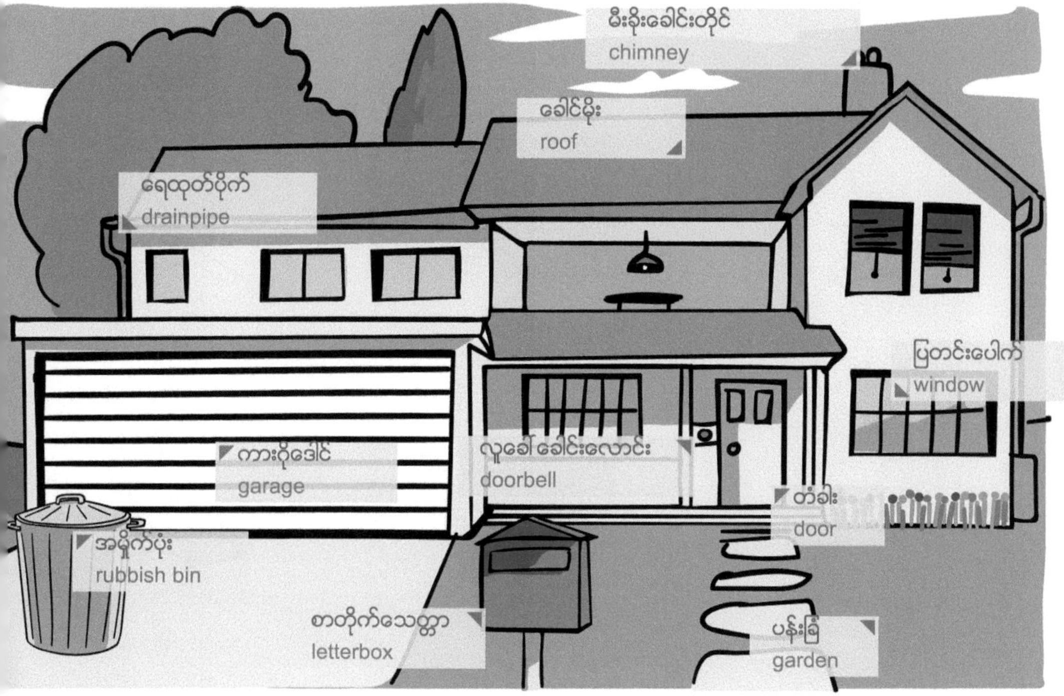

မီးခိုးခေါင်းတိုင်
chimney
ခေါင်မိုး
roof
ရေထုတ်ပိုက်
drainpipe
ပြတင်းပေါက်
window
ကားဂိုဒေါင်
garage
လူခေါ်ခေါင်းလောင်း
doorbell
တံခါး
door
အမှိုက်ပုံး
rubbish bin
စာတိုက်သေတ္တာ
letterbox
ပန်းခြံ
garden

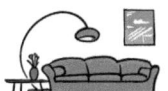

ဧည့်ခန်း

living room

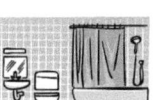

ရေချိုးခန်း

bathroom

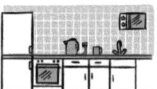

မီးဖိုချောင်

kitchen

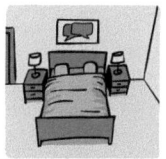

အိပ်ခန်း

bedroom

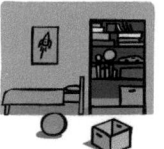

ကလေး အခန်း

child's room

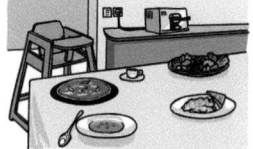

ထမင်းစားခန်း

dining room

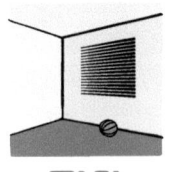

ကြမ်းပြင်

floor

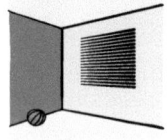

နံရံ

wall

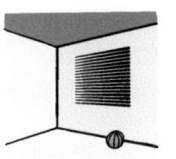

မျက်နာကြက်

ceiling

မြေအောက်ခန်း

cellar

ခွေးထုတ်ခန်း

sauna

ဝရန်တာ

balcony

ဝရန်တာ

terrace

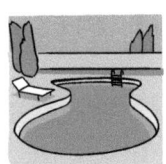

ရေကူးကန်

pool

မြက်ရိတ်စက်

lawn mower

အချပ်

sheet

အိပ်ယာခင်း

bedspread

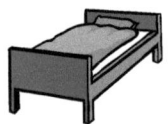

အိပ်ယာ

bed

တံမြက်စည်း

broom

ရေပုံး

bucket

မီးခလုတ်

switch

အိမ် - house

living room

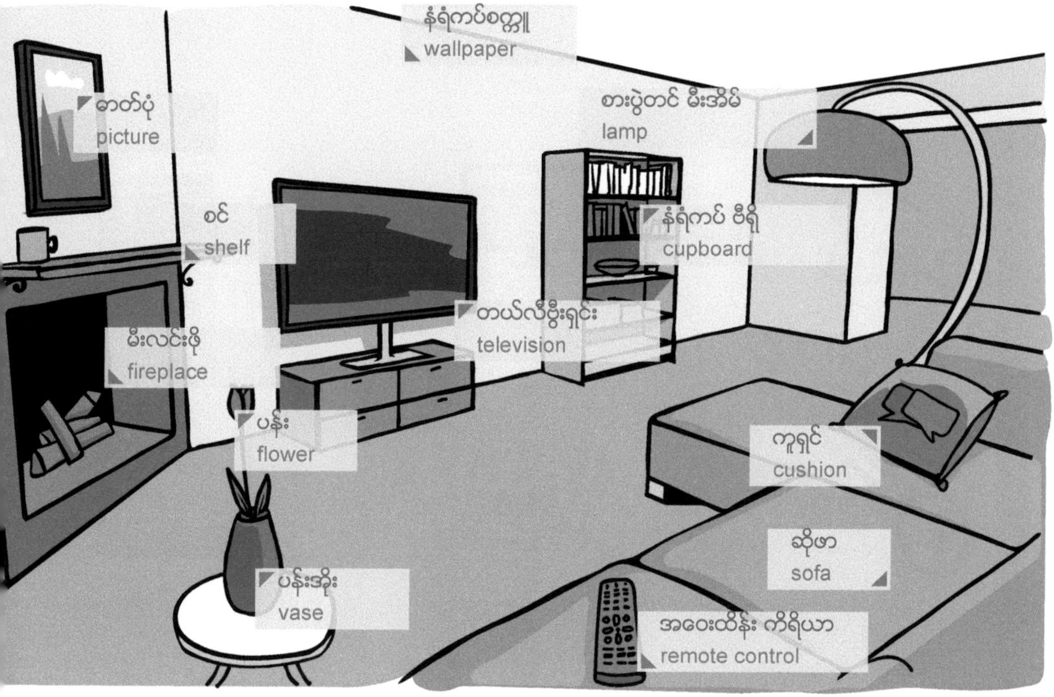
နံရံကပ်စက္ကူ
wallpaper
ဓာတ်ပုံ
picture
စားပွဲတင် မီးအိမ်
lamp
စင်
shelf
နံရံကပ် ဗီရို
cupboard
တယ်လီဗွီးရှင်း
television
မီးလင်းဖို
fireplace
ပန်း
flower
ကူရှင်
cushion
ဆိုဖာ
sofa
ပန်းအိုး
vase
အဝေးထိန်း ကိရိယာ
remote control

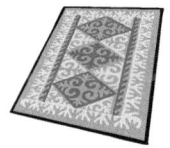

ကော်ဇော

carpet

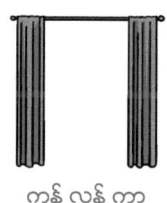

ကန့်လန့်ကာ

curtain

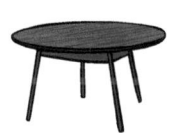

စားပွဲခုံ သို့မဟုတ် ဇယား

table

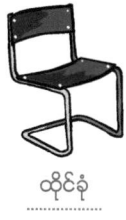

ထိုင်ခုံ

chair

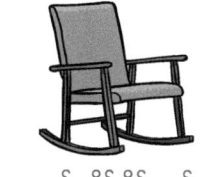

ရှေ့နောက် ယိမ်းနိုင်သည့် ထိုင်ခုံ

rocking chair

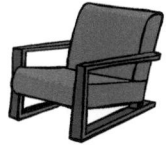

လက်တင်ထိုင်ခုံ

armchair

စာအုပ်

book

စောင်

blanket

အပြင်အဆင်

decoration

ထင်း

firewood

ဖလင် သို့မဟုတ် ရုပ်ရှင်

film

ဟိုင်ဖိုင် ကိရိယာ

hi-fi equipment

သော့

key

သတင်းစာ

newspaper

ပန်းချီကား

painting

ပိုစတာ

poster

ရေဒီယို

radio

မှတ်စုစာရွက်အုပ်

notepad

ဖုံစုပ်စက်

hoover

ရှားစောင်းပင်

cactus

ဖယောင်းတိုင်

candle

မီးဖိုချောင်
kitchen

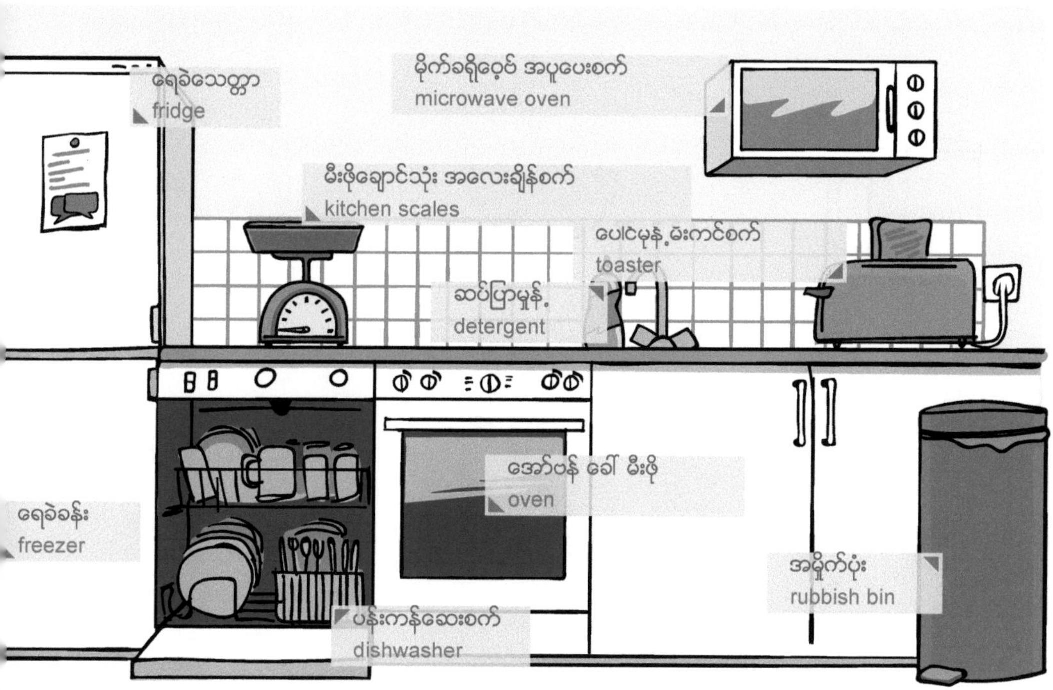

ရေခဲသေတ္တာ
fridge
မိုက်ခရိုဝေ့ဗ် အပူပေးစက်
microwave oven
မီးဖိုချောင်သုံး အလေးချိန်စက်
kitchen scales
ပေါင်မုန့်မီးကင်စက်
toaster
ဆပ်ပြာမှုန့်
detergent
အော်ဗန် ခေါ် မီးဖို
oven
ရေခဲခန်း
freezer
အမှိုက်ပုံး
rubbish bin
ပန်းကန်ဆေးစက်
dishwasher

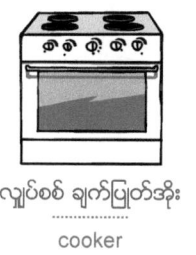

လျှပ်စစ် ချက်ပြုတ်အိုး

cooker

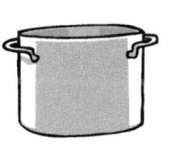

အိုး

pot

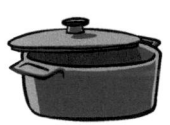

သံအိုးကြီး

cast-iron pot

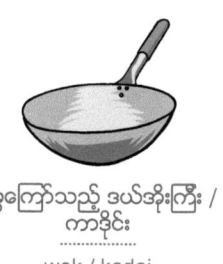

မွကြော်သည့် ဒယ်အိုးကြီး / ကာဒိုင်း

wok / kadai

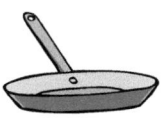

ဒယ်အိုး

pan

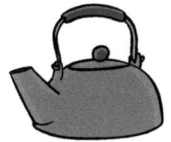

ရေနွေးတည်သည့်အိုး

kettle

ပေါင်းစက်

steamer

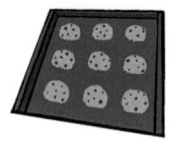

မုန့်ဖုတ်သည့် ပန်း

baking tray

ကြွေပန်းကန်ပြား ခွက်ယောက်

crockery

မတ်ခွက်

mug

ဇလုံပန်းကန်

bowl

အစားစားသည့်တူများ

chopsticks

ယောက်ချို

ladle

မွှေသည့်အတံ

spatula

ခေါက်တံ

whisk

စစ်သည့် အရာ

strainer

စကာ

sieve

ခြစ်သည့်ကိရိယာ

grater

ပြုပ်ဆုံ

mortar

ဘာဘီကျူးကင်

barbecue

ထင်းမီးဖို

open fire

စင်းနီးတုံး

chopping board

လည်နေသောပင်

rolling pin

ဖော့ဆို့

corkscrew

သံဗူး

can

သံဗူးဖောက်တံ

can opener

အိုးတင်သည့်အရာ

pot holder

ရေဆေးသည့် နေရာ

sink

စုပ်တံ

brush

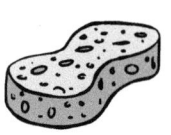

ရေမြှုပ်

sponge

မွှေသည့်စက်

blender

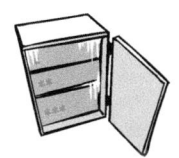

အေးခဲသည့် ရေခဲခန်း

deep freezer

ကလေးနို့ဗူး

baby bottle

ရေပိုက်ခေါင်း

tap

ရေချိုးခန်း

bathroom

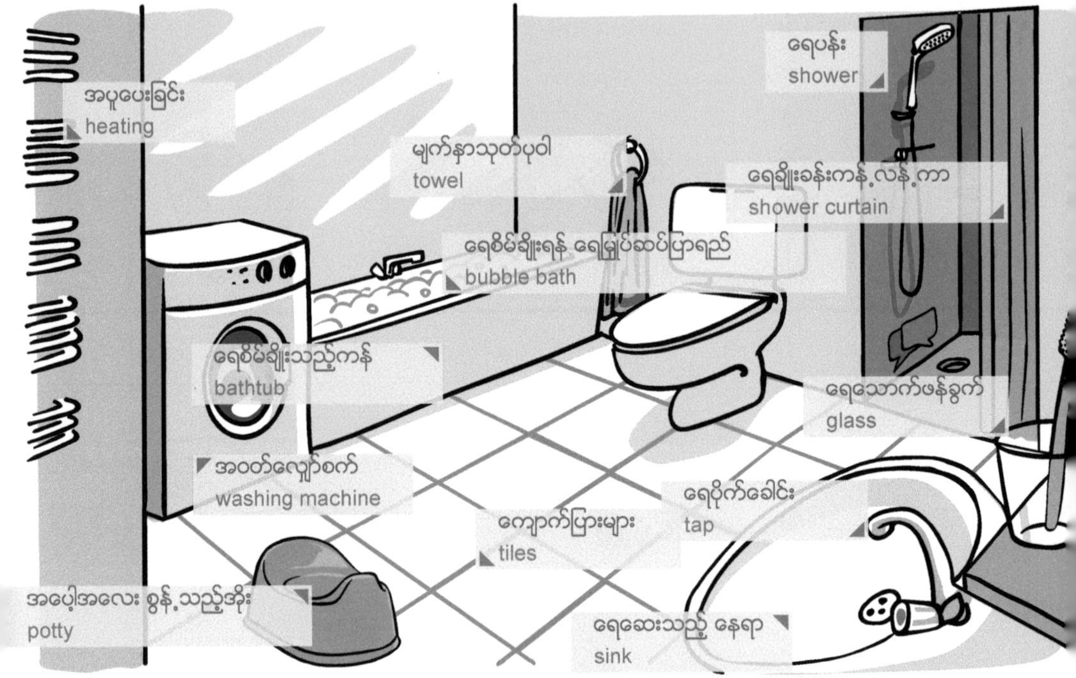

ရေပန်း
shower
အပူပေးခြင်း
heating
မျက်နှာသုတ်ပုဝါ
towel
ရေချိုးခန်းကန့်လန့်ကာ
shower curtain
ရေစိမ်ချိုးရန် ရေမြှုပ်ဆပ်ပြာရည်
bubble bath
ရေစိမ်ချိုးသည့်ကန်
bathtub
ရေသောက်ဖန်ခွက်
glass
အဝတ်လျှော်စက်
washing machine
ရေပိုက်ခေါင်း
tap
ကျောက်ပြားများ
tiles
အပေါ့အလေး စွန့်သည့်အိုး
potty
ရေဆေးသည့် နေရာ
sink

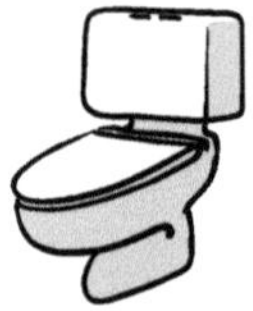

အိမ်သာ
toilet

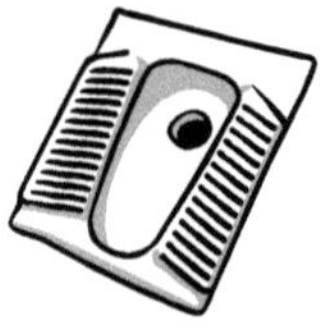

ဆောင့်ကြောင့်ထိုင်ရသည့် အိမ်သာ
squat toilet

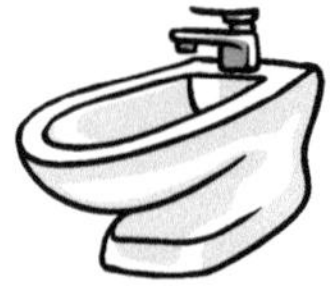

အမျိုးသမီးသုံး အောက်ပိုင်းဆေးသည့် ကမုတ်
bidet

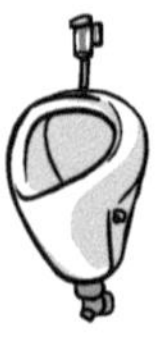

အမျိုးသား ဆီးသွားသည့်ကမုတ်
urinal

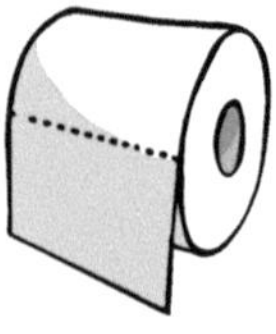

အိမ်သာသုံး စက္ကူ
toilet paper

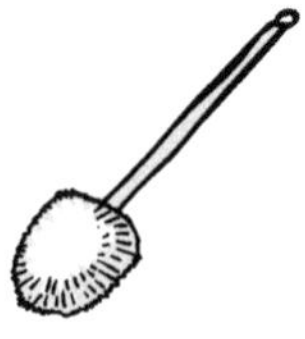

အိမ်သာတိုက် ဘရပ်ရှ်
toilet brush

သွားတိုက်တံ

toothbrush

သွားတိုက်ဆေး

toothpaste

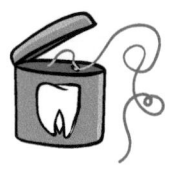

သွား ချေးထုတ်သည့် ကြိုး

dental floss

ဆေးကြောသည်

wash

လက်ကိုင် ရေပန်း

handheld shower

ရေပန်းဖြင့်ရေချိုးခြင်း

douche

ရေအင်တုံ

basin

နောက်ကျော ချေးတွန်းသည့် ဘရပ်ရှ်

back brush

ဆပ်ပြာ

soap

ရေချိုးဆပ်ပြာရည်

shower gel

ခေါင်းလျှော်ရည်

shampoo

ဖလန်နယ်စ

flannel

ရေထွက်ပေါက်

drain

ခရင်မ်

cream

ဒီအော်ဒရန့်၊ ခေါ် ကိုယ်လိမ်းအမွေးနံ့သာ

deodorant

မှန်

mirror

လက်ကိုင်မှန်

hand mirror

မုတ်ဆိတ်ရိတ်တံ

razor

မုတ်ဆိတ်ရိတ်ရန် အမြှုပ်

shaving foam

မုတ်ဆိတ်ရိတ်ပြီး
လိမ်းသည့်အမွှေးနံ့သာ

aftershave

ခေါင်းဘီး

comb

ဘရုပ်ရှ့

brush

ဆံပင်ခြောက်စက်

hair dryer

ဆံပင်ဖြန်းဆေး

hairspray

မိတ်ကပ်

makeup

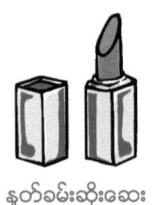

နှုတ်ခမ်းဆိုးဆေး

lipstick

လက်သည်းဆိုးဆေး

nail varnish

ဝွမ်းလုံး

cotton wool

လက်သည်းညှပ် ကပ်ကြေး

nail scissors

ရေမွှေး

perfume

ရေချိုးခန်းသုံး အိတ်
washbag

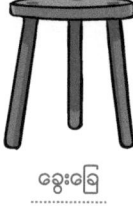

ခွေးခြေ
stool

ကိုယ်အလေးချိန်တိုင်းသည့်စက်
weighing scale

ရေချိုးပြီး ဝတ်သည့်ဝတ်ရုံ
bathrobe

ရာဘာ လက်အိတ်များ
rubber gloves

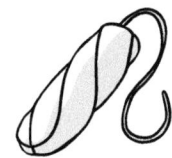

တန်ပွန် ခေါ် ဓမ္မတာလာစဉ် မိန်း
မကိုယ်တွင်းထည့်သည့်အရာ
tampon

အမျိုးသမီး လစဉ်သုံးပုဝါစ
sanitary towel

ဓာတုပစ္စည်းထည့်သုံးသည့်
အိမ်သာ
chemical toilet

ကလေး အခန်း

child's room

နှိုးစက်
alarm clock
ဖက်အိပ်သည့်အရုပ်
cuddly toy
အရုပ်ကား
toy car
ခလောက်
rattle
အရုပ်မအိမ်
doll's house
လက်ဆောင်
present

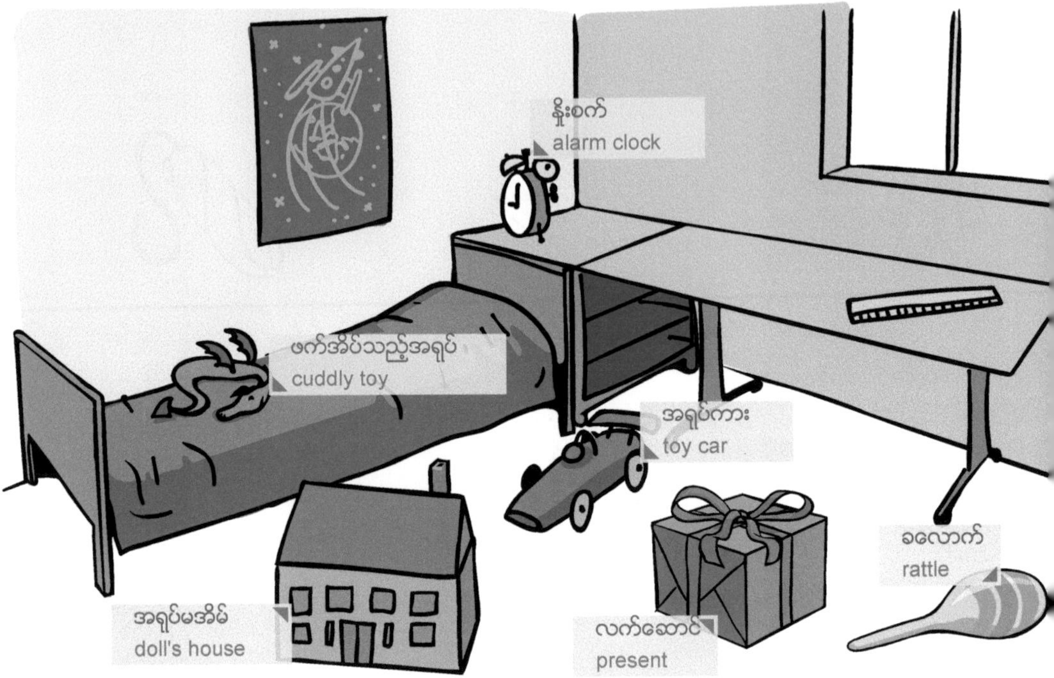

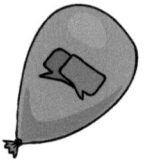

ပူဖောင်း

balloon

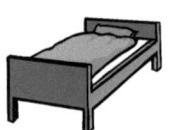

အိပ်ယာ

bed

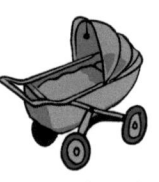

ကလေးတွန်းလှည်း

pram

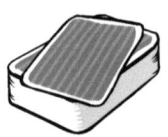

ကစားသည့်ကတ်ထုပ်

deck of cards

ဂျစ်ဆော ခေါ်
ဆက်၍ကစားသည့်
အပိုင်းအစများ

jigsaw

SUPER
MEGA

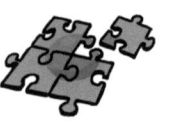

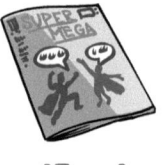

ရုပ်ပြစာအုပ်

comic

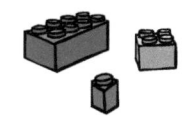

ဆောက်ရွှကစားသည့် လေဂို
အတုံးများ

lego bricks

ဆောက်ရွှကစားသည့်
အတုံးများ
building blocks

လှုပ်ရှားလှုပ်ကိုင်သူ

action figure

ဘောဘီဂရိုး

babygrow

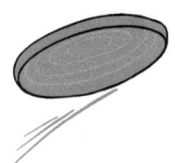

ဖရစ်ဘီး ခေါ် ပစ်၍ ကစားသည့်
အပြား

frisbee

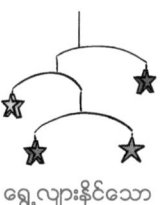

ရွေ့လျားနိုင်သော

mobile

ထုတ်ပြားပေါ် တွင် ကစားနည်း

board game

အံစာတုံး

dice

ကစားစရာ ရထား အစုံမော်ဒယ်

model train set

အရုပ်

dummy

ပါတီ

party

ရုပ်ပြစာအုပ်

picture book

ဘောလုံး

ball

အရုပ်မ

doll

ကစားသည်

play

ကစားသည့် သဲပုံး
sandpit

ဒန်း
swing

အရုပ်များ
toys

ဗွီဒီယိုဂိမ်းကစားသည့် စက်

video game console

သုံးဘီး စက်ဘီး
tricycle

တက်ဒီ ဝက်ဝံရုပ်
teddy bear

အဝတ်ဗီရို
wardrobe

အဝတ်အစား

clothing

ခြေအိတ်များ
socks

အမျိုးသမီးဝတ် ခြေအိတ်ရှည်
stockings

အမျိုးသမီး ခြေအိတ်အကြပ်
tights

ပုဝါ
scarf

ထီး
umbrella

တီရှပ်
t-shirt

ခါးပတ်
belt

ဘွတ်ဖိနပ်များ
boots

ခြေညှပ်ဖိနပ်များ
slippers

အားကစားဖိနပ်များ
trainers

ခြေစွပ် နောက်ပိတ်ဖိနပ်
sandals

ရှူးဖိနပ်များ
shoes

ရာဘာ ဘွတ်ဖိနပ်များ
rubber boots

အောက်ခံ အဝတ်များ
underpants

ဘရာဇီယာ
bra

အပေါ်ထပ် လက်ပြတ်အက်ိ
vest

အဝတ်အစား - clothing 45

ကိုယ်ခန္ဓာ

body

ဘောင်းဘီရှည်

trousers

ဂျင်းဘောင်းဘီ

jeans

စကပ်

skirt

ဘလောက်စ်အကျႌ

blouse

ရှပ်အကျႌ

shirt

ခေါင်းစွပ်အကျႌ

pullover

ခေါင်းစွပ်ပါ အကျႌ

hoodie

ဘလေဇာကုတ်အကျႌ

blazer

ဂျက်ကတ်အကျႌ

jacket

ကုတ်အကျႌ

coat

မိုးကာ ကုတ်အကျႌ

raincoat

ဝတ်စုံ

costume

ဂါဝန်

dress

လက်ထပ် ဝတ်စုံ

wedding dress

အနောက်တိုင်းဝတ်စုံပြည့်

suit

ညအိပ်အကျီ

nightgown

ညအိတ်ဝတ်စုံ

pyjamas

ဆာရီ

sari

ခေါင်းအုပ်ပုဝါ

headscarf

တာဘန် ခေါ် ခေါင်းပေါင်း

turban

ဘာကာခေါ်
အမျိုးသမီးခေါင်းအုပ်

burqa

ကာ့ဖ်တန် ခေါ်
အမျိုးသားဝတ်ဘောင်းဘီ

kaftan

အာဘယာ ခေါ် မွတ်ဆလင်
အမျိုးသမီးဝတ်အကျီ

abaya

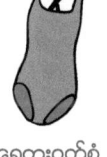

ရေကူးဝတ်စုံ

swimsuit

အဝတ်သေတ္တာ

trunks

ဘောင်းဘီတို

shorts

အားကစားဝတ်စုံ

tracksuit

ခါးစည်း အဝတ်

apron

လက်အိတ်များ

gloves

ကြယ်သီး

button

မျက်မှန်

glasses

လက်ကောက်

bracelet

လည်ဆွဲ

necklace

လက်စွပ်

ring

နားကပ်

earring

ခေါင်းဆောင်း ဦးထုပ်

cap

ကုတ်အင်္ကျီ ချိတ်

coat hanger

ဦးထုပ်

hat

နက်တိုင်

tie

ဇစ်

zip

ဟဲလ်မက်ခေါ် ခေါင်းဆောင်း

helmet

သွားထိန်းများ

braces

ကျောင်းဝတ်စုံ

school uniform

ယူနီဖောင်းဝတ်စုံ

uniform

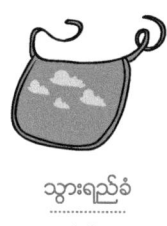

သွားရည်ခံ

bib

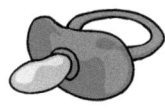

အရုပ်

dummy

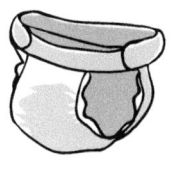

ကလေးအနှီး

nappy

ရုံးခန်း

office

ဆာဗာ
server
ဖိုင်ထည့်သည့် ဗီရို
filing cabinet
စာရွက်
paper
ပရင်တာ
printer
မော်နီတာ
monitor
စာရေးစားပွဲခုံ
desk
မောက်စ်
mouse
စာရွက်ထည့်သည့် ခေါက်ဖိုင်
folder
ကီးဘုတ်
keyboard
အမှိုက်စက္ကူပုံး
waste-paper basket
ထိုင်ခုံ
chair
ကွန်ပြူတာ
computer

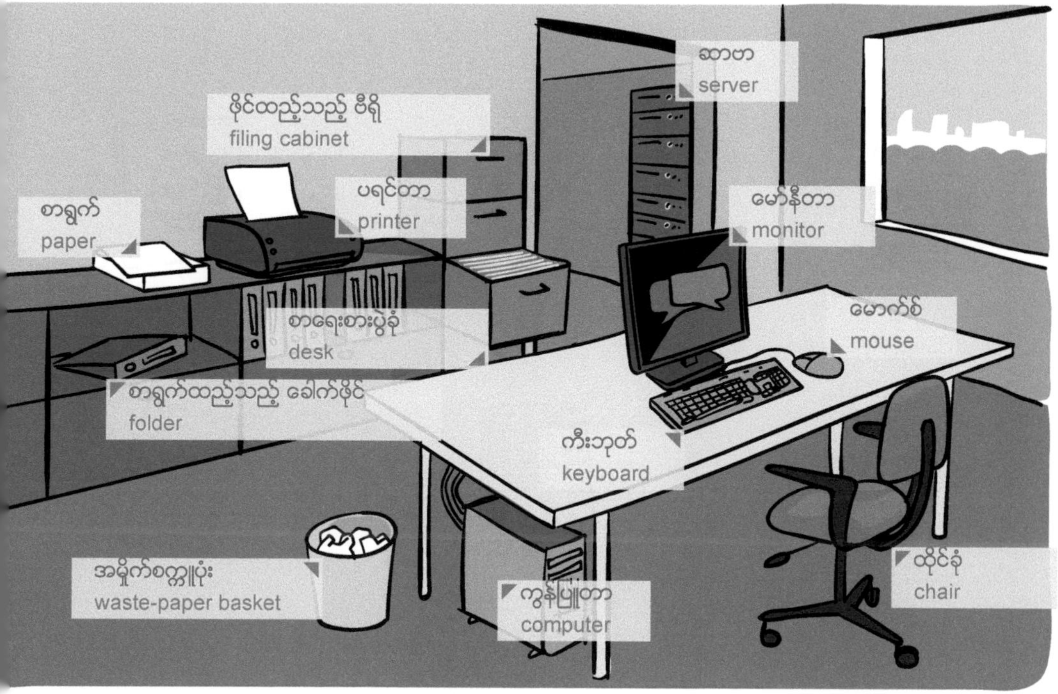

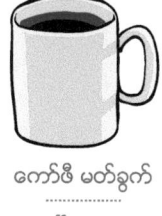

ကော်ဖီ မတ်ခွက်

coffee mug

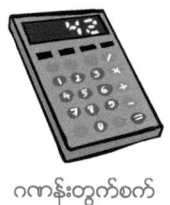

ဂဏန်းတွက်စက်

calculator

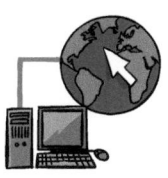

အင်တာနက်

internet

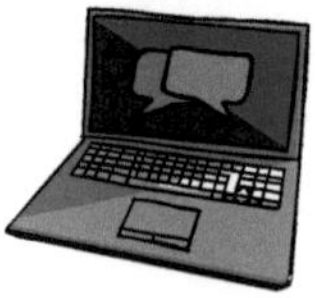

ပေါင်ပေါ်တင်ရိုက်နိုင်သည့် ကွန်ပြူတာ

laptop

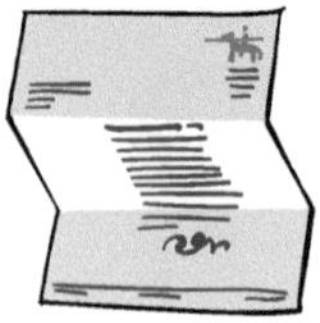

စာ

letter

မက်ဆေ့ချ်

message

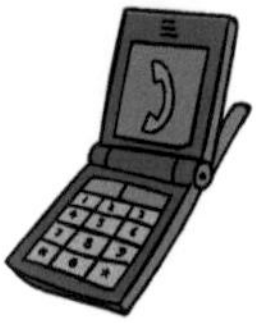

မိုဘိုင်းဖုန်း

mobile

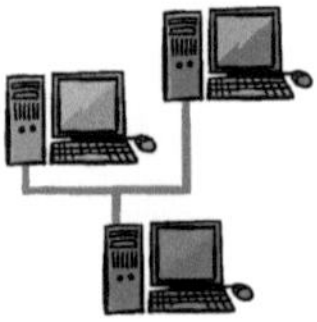

ကွန်ရက်

network

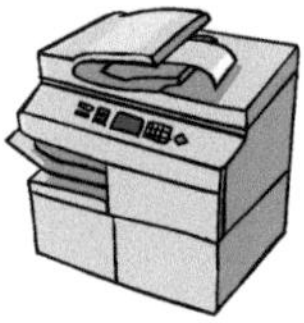

မိတ္တူကူးစက်

photocopier

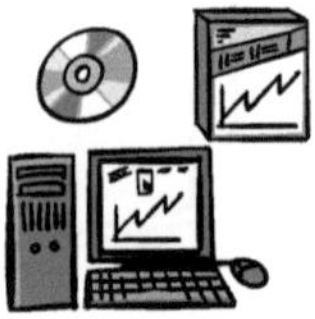

ဆော့ဖ်ဝဲရ်

software

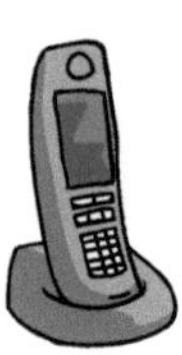

တယ်လီဖုန်း

telephone

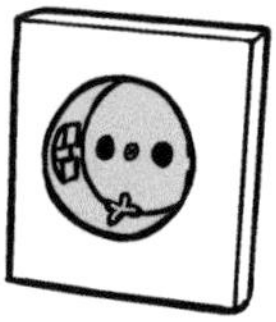

ပလပ်ပေါက်

plug socket

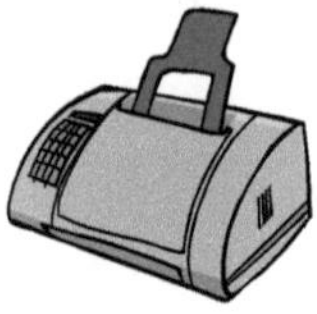

ဖက်စ်ပို့သည့် စက်

fax machine

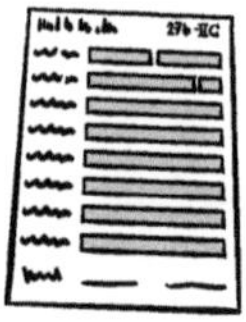

ပုံစံ

form

စာရွက်စာတမ်း

document

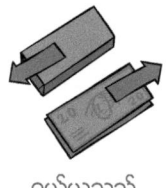

ဝယ်ယူသည်

buy

ပေးအပ်သည်

pay

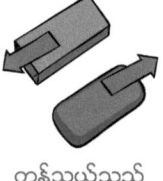

ကုန်သွယ်သည်

trade

ပိုက်ဆံ

money

ဒေါ်လာ

dollar

ယူရိုငွေ

euro

ယန်းငွေ

yen

ရှူဘယ်ငွေ

rouble

ဆွစ်ဇာလန်နိုင်ငံသုံးငွေ

Swiss franc

ရမ်မင်ဘီ ယွမ်

renminbi yuan

ရူပီး

rupee

ငွေချေသည့်နေရာ

cashpoint

ငွေလဲဌာန

bureau de change

ရွှေ

gold

ငွေ

silver

ဆီ

oil

စွမ်းအင်

energy

ဈေးနှုန်း

price

စာချုပ်

contract

အခွန်

tax

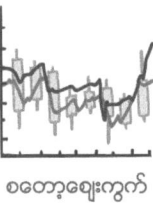

စတော့ဈေးကွက်

stock

အလုပ်လုပ်သည်

work

ဝန်ထမ်း

employee

အလုပ်ရှင်

employer

စက်ရုံ

factory

ဆိုင်

shop

အလုပ်အကိုင်များ

occupations

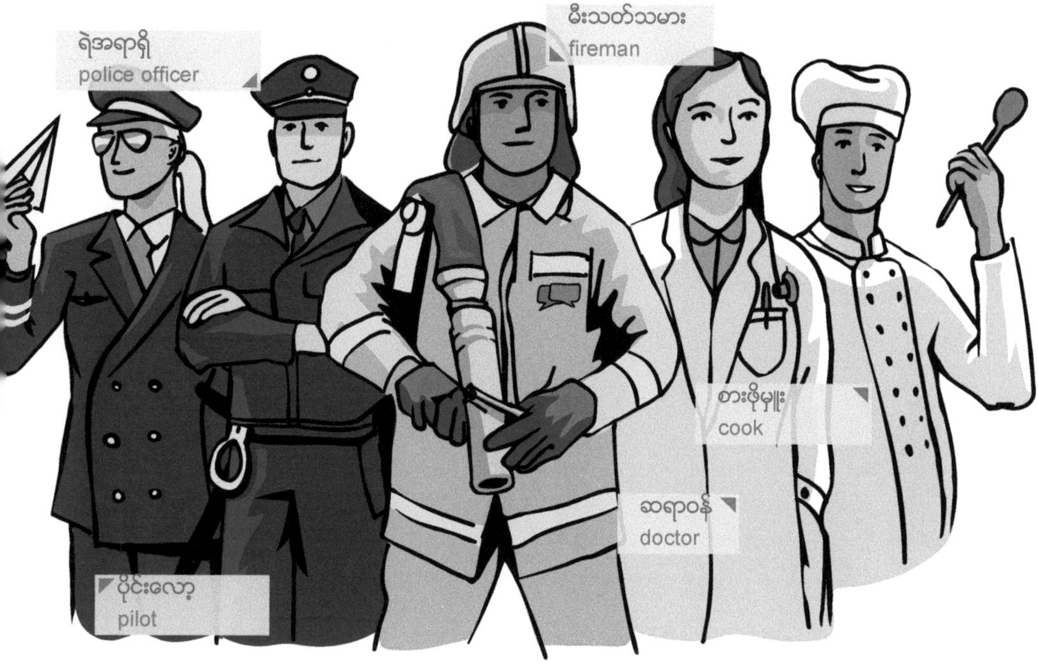
ရဲအရာရှိ
police officer
မီးသတ်သမား
fireman
စားဖိုမှူး
cook
ဆရာဝန်
doctor
ပိုင်းလော့
pilot

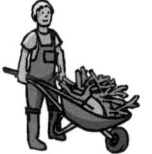

မာလီ

gardener

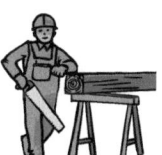

လက်သမား

carpenter

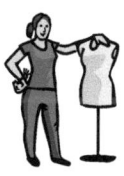

စက်ချုပ်သူ

seamstress

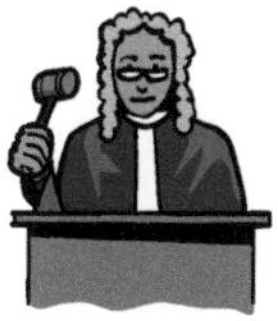

တရားသူကြီး

judge

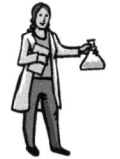

ဓာတုဗေဒပညာရှင်

chemist

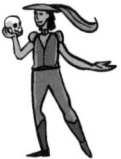

သရုပ်ဆောင်

actor

ဘတ်စ်ကားမောင်းသမား

bus driver

တက်စီမောင်းသူ

taxi driver

ငါးဖမ်းသမား

fisherman

သန့်ရှင်းရေး အလုပ်သမ

cleaning lady

အမိုးပြင်သူ

roofer

စားပွဲထိုး

waiter

အမဲလိုက်မုဆိုး

hunter

ဆေးသုတ်သမား သို့ မဟုတ်
ပန်းချီဆရာ

painter

မုန့်ဖုတ်သမား

baker

လျှပ်စစ်ပညာရှင်

electrician

ဆောက်လုပ်ရေးသမား

builder

အင်ဂျင်နီယာ

engineer

သားသတ်သမား

butcher

ပိုက်ဆက်ဆရာ

plumber

စာပို့သမား

postman

စစ်သား

soldier

ဗိသုကာပညာရှင်

architect

ငွေကိုင်

cashier

ပန်းပညာရှင်

florist

ဆံပင်အလှပြင်သူ

hairdresser

လက်မှတ်စစ်

conductor

စက်ပြင်ဆရာ

mechanic

ကပ္ပတိန်

captain

သွားဘက်ဆိုင်ရာ ဆရာဝန်

dentist

သိပ္ပံပညာရှင်

scientist

ရာဘိုင်

rabbi

မွတ်ဆလင် တရားဟောဆရာ

imam

ဘုန်းကြီး

monk

တရားဟောဆရာ

clergyman

ကိရိယာ တန်ဆာပလာများ

tools

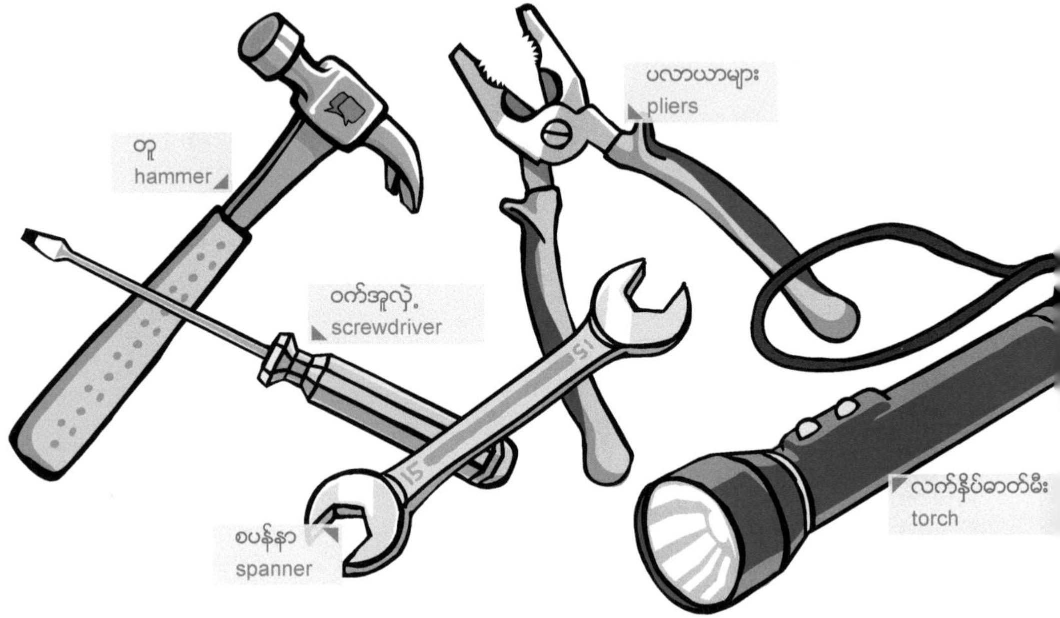
ပလာယာများ
pliers
တူ
hammer
ဝက်အူလှို့
screwdriver
လက်နှိပ်ဓာတ်မီး
torch
စပန်နာ
spanner

မြေတူးစက်

digger

လက်သမားသုံးကိရိယာ သေတ္တာ

toolbox

လှေကား

ladder

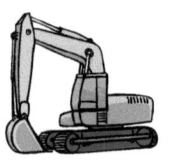

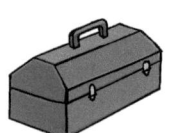

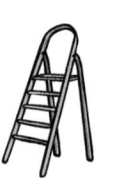

လွှ

saw

လက်သည်းများ

nails

အပေါက်ဖောက်စက်

drill

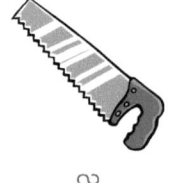

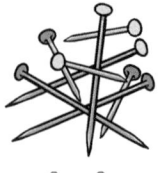

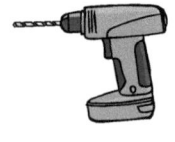

ပြင်ဆင်သည်
repair

ဂေါ်ပြား
shovel

ချီးတဲ့မုပဲ
Damn!

ဖုန်ကျုံးသည့် ဂေါ်ပြား
dustpan

ဆေးရောင်အိုး
paint pot

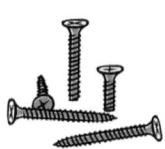

ဝက်အူများ
screws

ဂီတတူရိယာများ
musical instruments

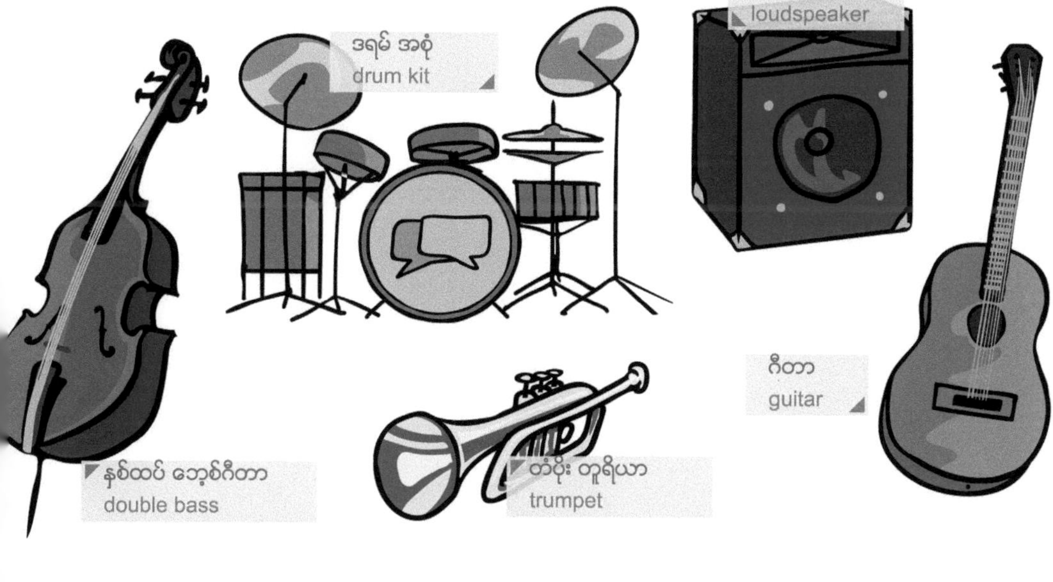

ဒရမ် အစုံ
drum kit

အသံချဲ့စက်
loudspeaker

ဂီတာ
guitar

နှစ်ထပ် ဘော့စ်ဂီတာ
double bass

တံပိုး တူရိယာ
trumpet

စန္ဒယား

piano

တယော

violin

ဘော့စ်ဂီတာ

bass

နားစည်အမြှေးပါး

timpani

ဒရမ်များ

drums

ကီးဘုတ် တူရိယာ

keyboard

ဆက်ဆိုဖုန်း ခေါ်
လေမှုတ်တူရိယာ

saxophone

ပုလွေ

flute

စကားပြောစက်

microphone

တိရိစ္ဆာန်ရုံ

ZOO

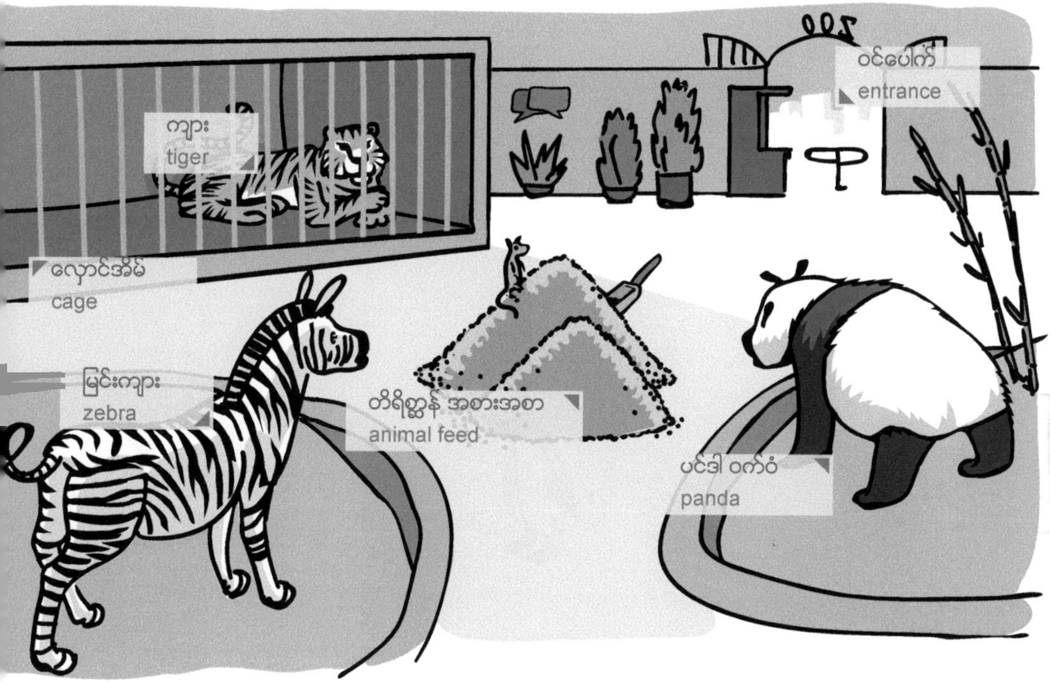

ကျား
tiger
လှောင်အိမ်
cage
မြင်းကျား
zebra
တိရိစ္ဆာန် အစားအစာ
animal feed
ဝင်ပေါက်
entrance
ပင်ဒါ ဝက်ဝံ
panda

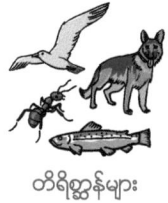

တိရိစ္ဆာန်များ

animals

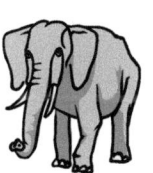

ဆင်

elephant

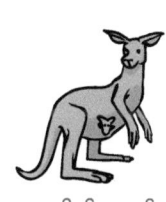

သားပိုက်ကောင်

kangaroo

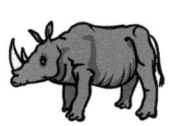

ကြံ့

rhino

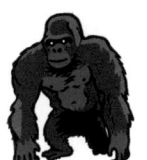

ဂေါ်ရီလာမျောက်

gorilla

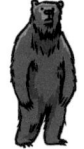

ဝက်ဝံ

bear

ကုလားအုတ်

camel

ငှက်ကုလားအုတ်

ostrich

ခြင်္သေ့

lion

မျောက်

monkey

ဖလန်မင်္ဂိုးငှက်

flamingo

ကြက်တူရွေး

parrot

ပိုလာဝက်ဝံ

polar bear

ပင်ဂွင်းငှက်

penguin

ငါးမန်း

shark

ဥဒေါင်းငှက်

peacock

မြွေ

snake

မိချောင်း

crocodile

တိရိစ္ဆာန်ရုံ ထိန်းသိမ်းသူ

zookeeper

ဖျံ

seal

ကျားသစ်

jaguar

တိရိစ္ဆာန်ရုံ - zoo

ပိုနီမြင်း
....
pony

ကျားသစ်
....
leopard

ရေမြင်း
....
hippo

သစ်ကုလားအုတ်
....
giraffe

သိန်းငှက်
....
eagle

တောဝက်
....
boar

ငါး
....
fish

လိပ်
....
turtle

ပင်လယ်ဖျံကြီး
....
walrus

မြေခွေး
....
fox

ဦးချိုပါ သမင်ညိုတစ်မျိုး
....
gazelle

အမေရိကန် ဖွတ်ဘော
American football

စက်ဘီးစီးခြင်း
cycling

တင်းနစ်ရိုက်ခြင်း
tennis

ဘတ်စကက်ဘော
basketball

ရေကူးခြင်း
swimming

ရေခဲပြင် ဟော်ကီ
ice hockey

လက်ဝှေ့
boxing

ဘောလုံးကန်ခြင်း
football

ကြက်တောင်ရိုက်ခြင်း
badminton

ကိုယ်လက်လှုပ်ရှား
အားကစားများ
athletics

ဟန်းဒ်ဘော ခေါ် လက်ပစ်ဘော
handball

နှင်းလျှောစီးခြင်း
skiing

ပိုလို
polo

လုပ်ရှားမှုများ
activities

ခုန်သည်
jump
ပွေ့ဖက်သည်
hug
ရယ်မောသည်
laugh
လမ်းလျှောက်သည်
walk
သီချင်းဆိုသည်
sing
အိပ်မက်သည်
dream
ဆုတောင်းသည်
pray
နမ်းရှုပ်သည်
kiss

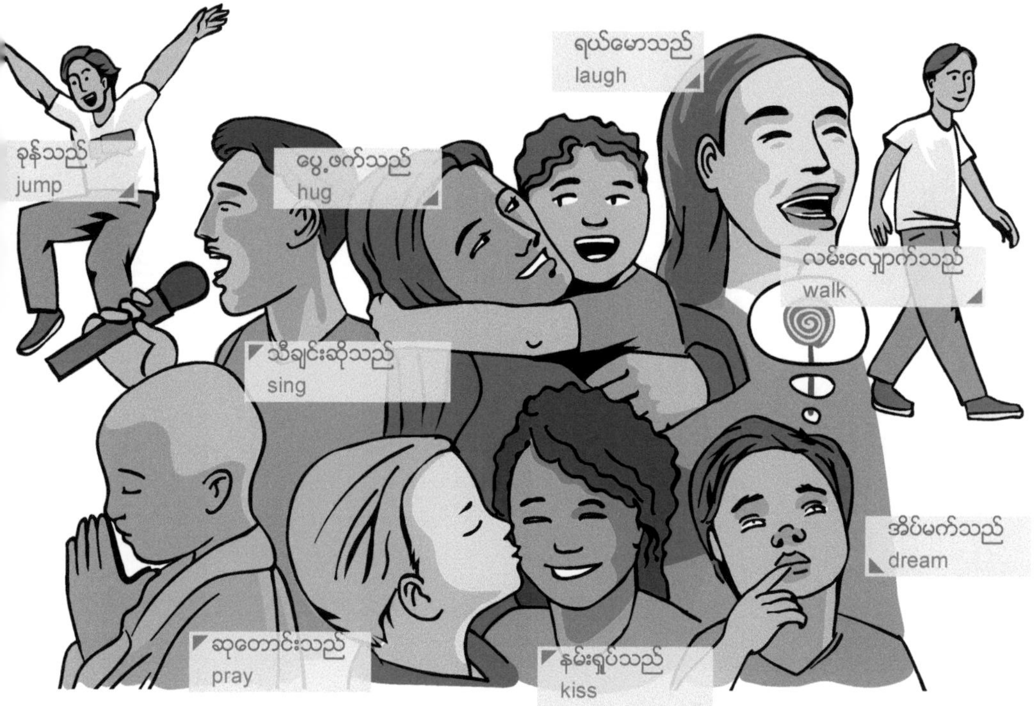

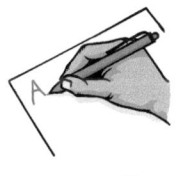

စာရေးသည်

write

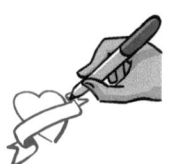

ရေးဆွဲသည်

draw

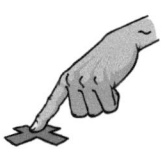

ပြသသည်

show

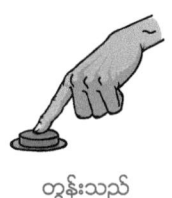

တွန်းသည်

push

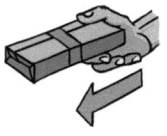

ပေးသည်

give

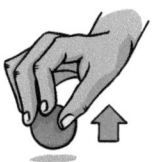

ယူသည်

take

ရှိသည်

have

ပြုလုပ်သည်

do

ဖြစ်သည်

be

မတ်တပ်ရပ်သည်

stand

ပြေးသည်

run

ဆွဲသည်

pull

ပစ်သည်

throw

လဲကျသည်

fall

လိမ်လည်သည်

lie

စောင့်ဆိုင်းသည်

wait

သယ်ဆောင်သည်

carry

ထိုင်သည်

sit

အဝတ်အစားဝတ်သည်

get dressed

အိပ်သည်

sleep

အိပ်ယာမှ ထသည်

wake up

တစ်ခုခုကို ကြည့်ရှုသည်
look at

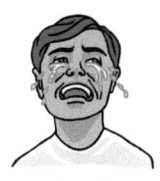

ငိုသည်
cry

ပွတ်သပ်သည်
stroke

ဘီးဖီးသည်
comb

စကားပြောသည်
talk

နားလည်သည်
understand

မေးသည်
ask

နားထောင်သည်
listen

သောက်သည်
drink

စားသည်
eat

သပ်ရပ်အောင်လုပ်သည်
tidy up

ချစ်သည်
love

ချက်ပြုတ်သည်
cook

မောင်းသည်
drive

ပျံသန်းသည်
fly

ရွက်လွှင့်သည်

sail

တွက်ပါ

calculate

ဖတ်သည်

read

သင်ယူသည်

learn

အလုပ်လုပ်သည်

work

လက်ထပ်သည်

marry

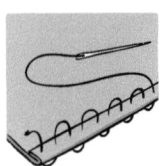

အပ်ချုပ်သည်

sew

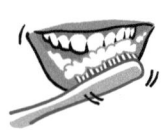

သွားတိုက်သည်

brush teeth

သတ်သည်

kill

ဆေးလိပ်သောက်သည်

smoke

ပို့သည်

send

မိသားစု
family

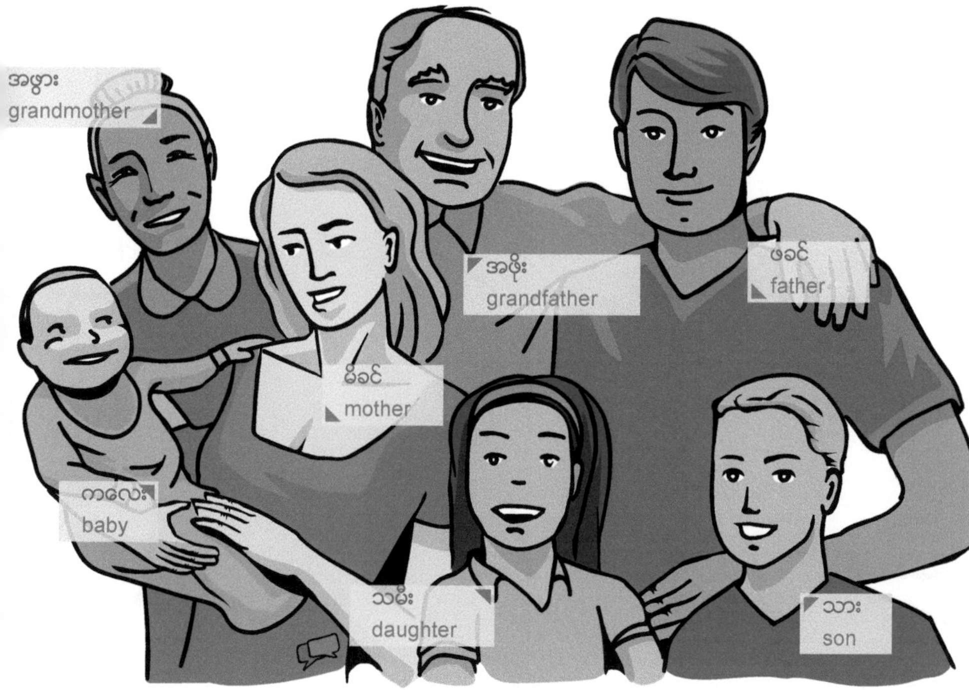
အဖွား
grandmother
အဖိုး
grandfather
ဖခင်
father
မိခင်
mother
ကလေး
baby
သမီး
daughter
သား
son

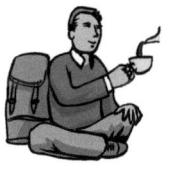

ဧည့်သည်
guest

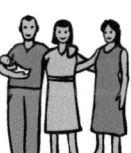

အဒေါ်
aunt

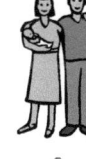

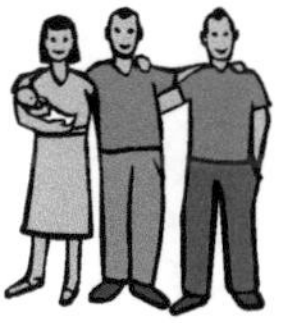

ဦးလေး
uncle

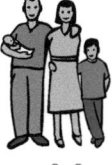

အစ်ကို
brother

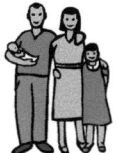

အစ်မ
sister

ကိုယ်ခန္ဓာ
body

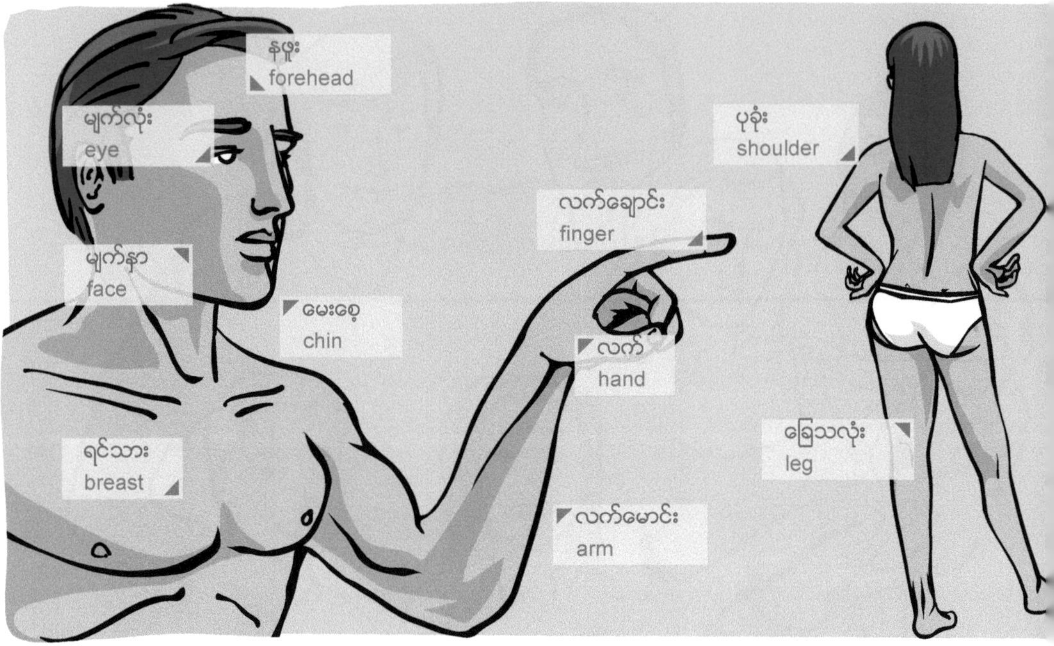

နဖူး
forehead

မျက်လုံး
eye

ပုခုံး
shoulder

လက်ချောင်း
finger

မျက်နှာ
face

မေးစေ့
chin

လက်
hand

ရင်သား
breast

ခြေသလုံး
leg

လက်မောင်း
arm

ကလေး

baby

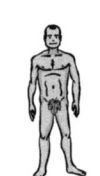

ယောက်ျားကြီး

man

အမျိုးသမီးကြီး

woman

မိန်းကလေး

girl

ယောက်ျားလေး

boy

ဦးခေါင်း

head

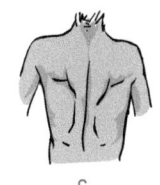

နောက်ကျော

back

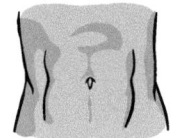

ဗိုက်

belly

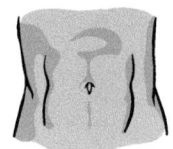

ချက်

belly button

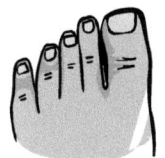

ခြေချောင်း

toe

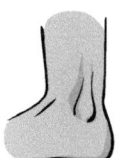

ဖနောင့်

heel

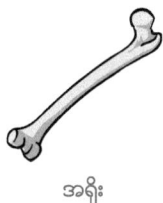

အရိုး

bone

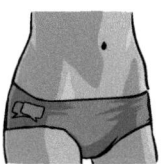

တင်ရိုး

hip

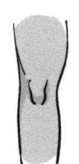

ဒူးခေါင်း

knee

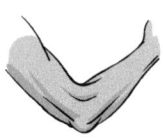

တံတောင်ဆစ်

elbow

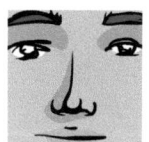

နှာခေါင်း

nose

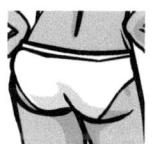

တင်ပါး

bottom

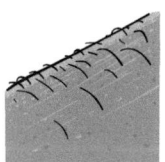

အရေပြား

skin

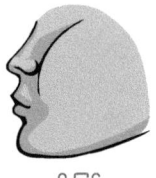

ပါးပြင်

cheek

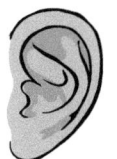

နား

ear

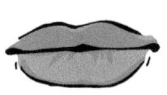

နှုတ်ခမ်း

lip

ပါးစပ်

mouth

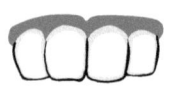

သွား

tooth

လျှာ

tongue

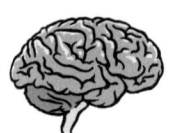

ဦးနှောက်

brain

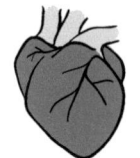

နှလုံး

heart

ကြွက်သား

muscle

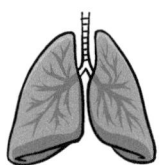

အဆုတ်

lung

အသည်း

liver

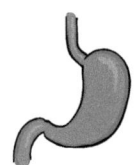

အစာအိမ်

stomach

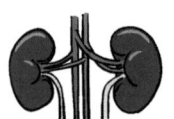

ကျောက်ကပ်များ

kidneys

လိင်

sex

ကွန်ဒုံး

condom

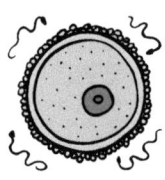

သားဥ

ovum

သုတ်ရည်

semen

ကိုယ်ဝန်

pregnancy

ဓမ္မတာလာခြင်း

menstruation

မိန်းမကိုယ်

vagina

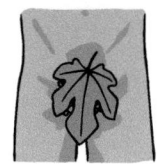

လိင်တံ

penis

မျက်ခုံး

eyebrow

ဆံပင်

hair

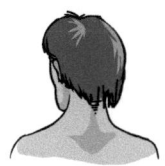

လည်ပင်း

neck

ကိုယ်ခန္ဓာ - body

ဆေးရုံ
hospital

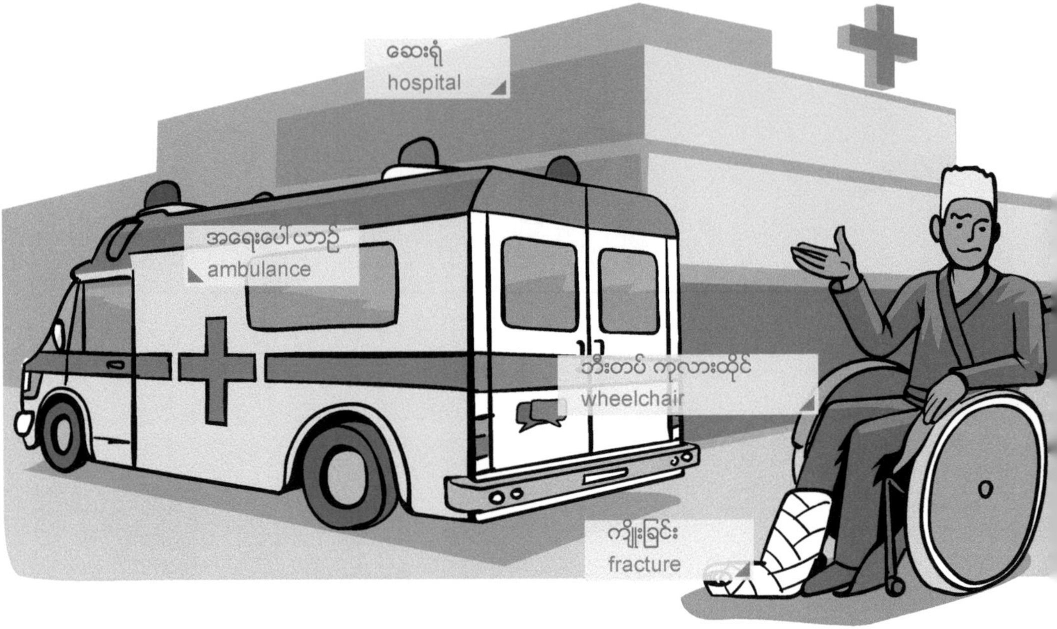

ဆေးရုံ
hospital
အရေးပေါ်ယာဉ်
ambulance
ဘီးတပ် ကုလားထိုင်
wheelchair
ကျိုးခြင်း
fracture

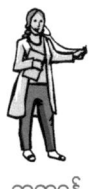

ဆရာဝန်

doctor

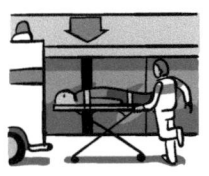

အရေးပေါ် ဆေးကုသခန်း

emergency room

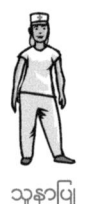

သူနာပြု

nurse

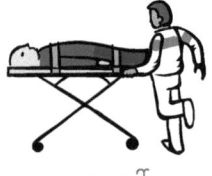

အရေးပေါ်

emergency

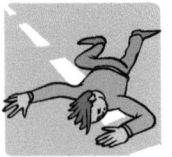

သတိလစ်ခြင်း

unconscious

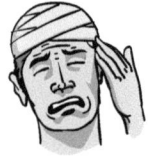

နာခြင်း

pain

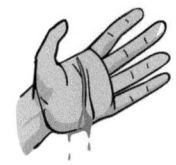

ဒဏ်ရာ

injury

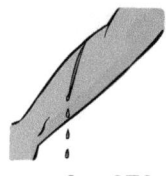

သွေးပိုထွက်ခြင်း

bleeding

နှလုံးရပ်ခြင်း

heart attack

လေဖြတ်ခြင်း

stroke

ဓာတ်မတည့်ခြင်း

allergy

ချောင်းဆိုးခြင်း

cough

အဖျား

fever

တုပ်ကွေးရောဂါ

flu

ဝမ်းပျက်ဝမ်းလျှောခြင်း

diarrhoea

ခေါင်းကိုက်ခြင်း

headache

ကင်ဆာရောဂါ

cancer

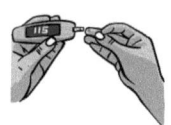

ဆီးချိုရောဂါ

diabetes

ခွဲစိတ်ဆရာဝန်

surgeon

ခွဲစိတ်ခန်းသုံးဓါးပါး

scalpel

ခွဲစိတ်ခြင်း

operation

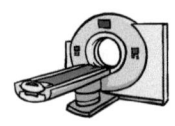

စီတီ

CT

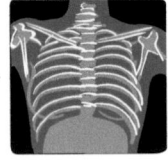

ဓာတ်မှန်

x-ray

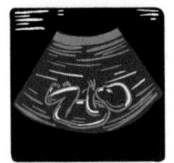

အာထရာဆောင်း

ultrasound

မျက်နှာဖုံး

face mask

ရောဂါ

disease

စောင့်ဆိုင်းရန် အခန်း

waiting room

ချိုင်းထောက်

crutch

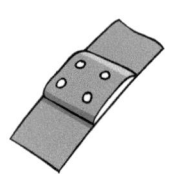

ပလာစတာ

plaster

ပတ်တီး

bandage

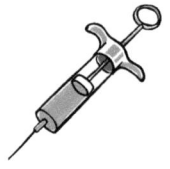

ထိုးဆေး

injection

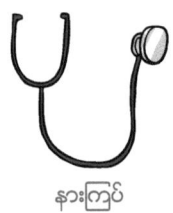

နားကြပ်

stethoscope

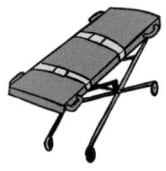

လူနာတင်ထမ်းစင်

stretcher

ကုသရေးဝိုင်းသုံး
အပူချိန်တိုင်းသာမိုမီတာ

clinical thermometer

မွေးဖွားခြင်း

birth

အဝလွန်ခြင်း

overweight

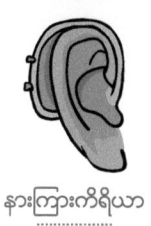

နားကြားကိရိယာ

hearing aid

ပိုးသတ်ဆေး

disinfectant

ရောဂါကူးစက်ခြင်း

infection

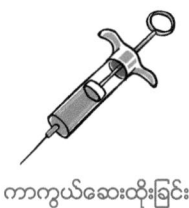

ဗိုင်းရပ်စ်ပိုး

virus

အိတ်ချ်အိုင်ဗွီ /
အေအိုင်ဒီအက်စ်

HIV / AIDS

ဆေးဝါး

medicine

ကာကွယ်ဆေးထိုးခြင်း

vaccination

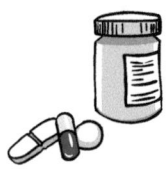

ဆေးလုံးများ

tablets

ဆေးလုံး

pill

အရေးပေါ် ဖုန်းခေါ် ဆိုမှု

emergency call

သွေးဖိအား စောင့်ကြည့်သည့်
ကိရိယာ

blood pressure monitor

နာမကျန်းသော / ကျန်းမာသော

ill / healthy

ကူညီကြပါ။

Help!

အရေးပေါ် ခေါင်းလောင်း

alarm

ရိုက်နက်သည်

assault

တိုက်ခိုက်သည်

attack

အန္တရာယ်

danger

အရေးပေါ်ထွက်ပေါက်

emergency exit

မီး။

Fire!

မီးသတ်ဘူး

fire extinguisher

မတော်တဆဖြစ်ရပ်

accident

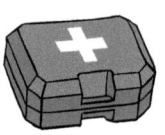

ကြက်ခြေနီ ဆေးပုံး

first-aid kit

အက်စ်အိုအက်စ်

SOS

ရဲ

police

ဥရောပတိုက်

Europe

မြောက်အမေရိကတိုက်

North America

တောင်အမေရိကတိုက်

South America

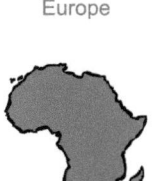

အာဖရိကတိုက်

Africa

အာရှတိုက်

Asia

သြစတြေးလျတိုက်

Australia

အတ္တလန္တိတ် သမုဒ္ဒရာ

Atlantic

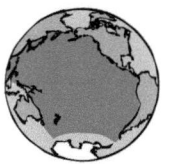

ပစိဖိတ် သမုဒ္ဒရာ

Pacific

အိန္ဒိယ သမုဒ္ဒရာ

Indian Ocean

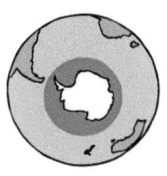

အန္တာတိတ် သမုဒ္ဒရာ

Antarctic Ocean

အာတိတ် သမုဒ္ဒရာ

Arctic Ocean

မြောက်ဝင်ရိုးစွန်း

North Pole

တောင်ဝင်ရိုးစွန်း

South Pole

အွန္တာတိကတိုက်

Antarctica

ကမ္ဘာမြေကြီး

Earth

ကုန်းမြေ

land

ပင်လယ်

sea

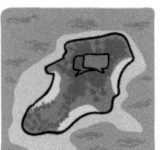

ကျွန်း

island

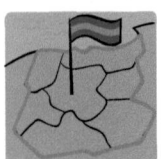

နိုင်ငံကူးလက်မှတ်

nation

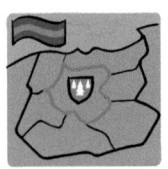

ပြည်နယ်

state

ကမ္ဘာမြေကြီး - Earth

နာရီမျက်နှာပြင်

clock face

နာရီလက်တံ

hour hand

မိနစ်လက်တံ

minute hand

ဒုတိယလက်တံ

second hand

ဘယ်အချိန်ရှိပြီလဲ။

What time is it?

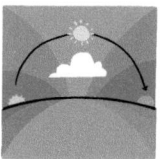

ရက်

day

အချိန်

time

ယခု

now

ဒစ်ဂျစ်တယ် လက်ပတ်နာရီ

digital watch

မိနစ်

minute

နာရီ

hour

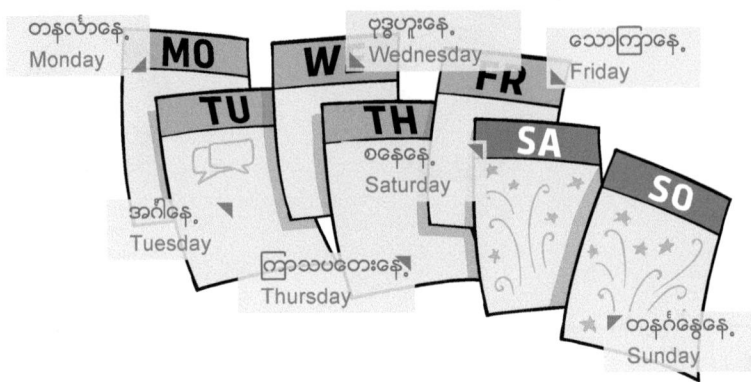

တနင်္လာနေ့
Monday

MO

W Wednesday
ဗုဒ္ဓဟူးနေ့

သောကြာနေ့
Friday

TU

TH
စနေနေ့
Saturday

SA

အင်္ဂါနေ့
Tuesday

ကြာသပတေးနေ့
Thursday

SO

တနင်္ဂနွေနေ့
Sunday

မနေ့က

yesterday

ယနေ့

today

မနက်ဖြန်

tomorrow

မနက်

morning

နေ့လည်

noon

ညနေ

evening

အလုပ်လုပ်ရက်များ

business days

စနေ တနင်္ဂနွေ အားလပ်ရက်

weekend

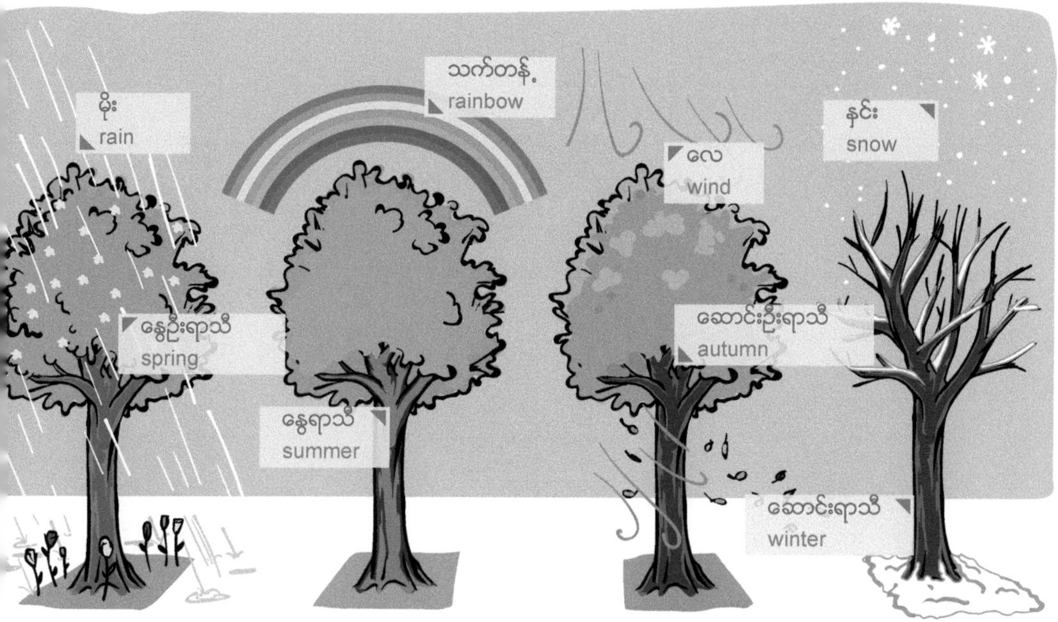

မိုး
rain
သက်တန့်
rainbow
လေ
wind
နှင်း
snow
နွေဦးရာသီ
spring
နွေရာသီ
summer
ဆောင်းဦးရာသီ
autumn
ဆောင်းရာသီ
winter

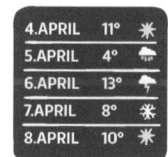

4.APRIL 11°
5.APRIL 4°
6.APRIL 13°
7.APRIL 8°
8.APRIL 10°

လေဝသ ကြိုတင်ခန့်မှန်းချက်

weather forecast

F
C
120
90
60
30
0
-30
40
30
20
10
0
-10
-20

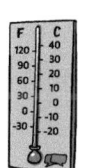

အပူချိန်တိုင်း ကိရိယာ

thermometer

နေရောင်ခြည်

sunshine

တိမ်

cloud

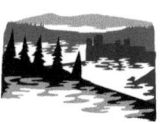

မြူ

fog

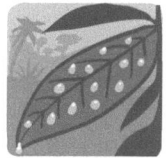

စိုထိုင်းဆ

humidity

လျှပ်စီးလက်ခြင်း

lightning

မိုးကြိုး

thunder

မုန်တိုင်း

storm

မိုးသီး

hail

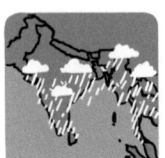

မိုးရာသီ

monsoon

ရေကြီးခြင်း

flood

ရေခဲ

ice

ဇန်နဝါရီလ

January

ဖေဖော်ဝါရီလ

February

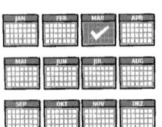

မတ်လ

March

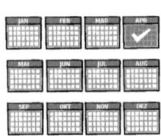

ဧပြီလ

April

မေလ

May

ဇွန်လ

June

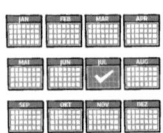

ဇူလိုင်လ

July

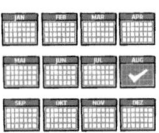

သြဂုတ်လ

August

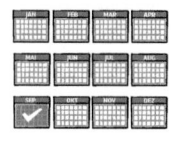

စက်တင်ဘာလ
....
September

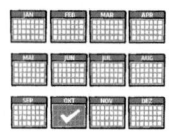

အောက်တိုဘာလ
....
October

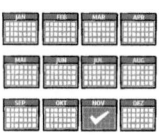

နိုဝင်ဘာလ
....
November

ဒီဇင်ဘာလ
....
December

ပုံစံများ
shapes

စက်ဝိုင်း
....
circle

စတုရန်း
....
square

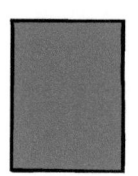

ထောင့်မှန်စတုဂံ
....
rectangle

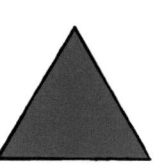

တြိဂံ
....
triangle

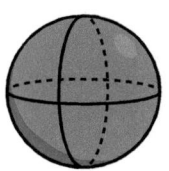

စက်ဝန်း
....
sphere

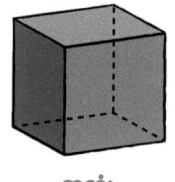

အတုံး
....
cube

အဖြူရောင်

white

အဝါရောင်

yellow

လိမ္မော်ရောင်

orange

ပန်းရောင်

pink

အနီရောင်

red

ခရမ်းရောင်

purple

အပြာရောင်

blue

အစိမ်းရောင်

green

အညိုရောင်

brown

မီးခိုးရောင်

grey

အနက်ရောင်

black

အများအပြား / အနည်းငယ်

a lot / a little

စိတ်ဆိုးသော /
စိတ်တည်ငြိမ်သော

angry / calm

လှပသော / ရုပ်ဆိုးသော

beautiful / ugly

အစ / အဆုံး

beginning / end

အကြီးသော / အငယ်

big / small

တောက်ပသော / မှောင်မဲသော

bright / dark

ညီအစ်ကို / ညီအစ်မ

brother / sister

သန့်ရှင်းသော / ညစ်ပတ်သော

clean / dirty

ပြည့်စုံသော / မပြည့်စုံသော

complete / incomplete

နေ့ / ည

day / night

သေသော / ရှင်သော

dead / alive

ကျယ်သော / ကျဉ်းသော

wide / narrow

စားသုံးနိုင်သော /
မစားသုံးနိုင်သော

edible / inedible

စိတ်ယုတ်သော / ကြင်နာသော

evil / kind

စိတ်လှုပ်ရှားဖွယ် / ပျင်းရိဖွယ်

excited / bored

ဝသော / ပိန်သော

fat / thin

ပထမ / နောက်ဆုံးပိတ်

first / last

မိတ်ဆွေ / ရန်သူ

friend / enemy

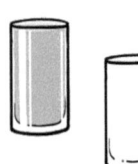

အပြည့် / ဘာမှမရှိ

full / empty

မာသော / ပျော့သော

hard / soft

လေးလံသော / ပေါ့ပါးသော

heavy / light

ဆာလောင်သော / ရေဆာသော

hunger / thirst

နာမကျန်းသော / ကျန်းမာသော

ill / healthy

တရားမဝင်သော /
တရားဝင်သော

illegal / legal

ဉာဏ်ကောင်းသော /
ထိုင်းသော

intelligent / stupid

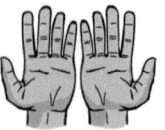

ဘယ် / ညာ

left / right

နီးသော / ဝေးသော

near / far

အသစ် / အသုံးပြုပြီးသား

new / used

ဘာမှမရှိ / တစ်ခုခု

nothing / something

အသက်ကြီးသော / ငယ်ရွယ်သော

old / young

ဖွင့်သော / ပိတ်သော

on / off

ဖွင့်သော / ပိတ်သော

open / closed

တိတ်ဆိတ် / ကျယ်လောင်

quiet / loud

ချမ်းသာ / ဆင်းရဲ

rich / poor

အမှန် / အမှား

right / wrong

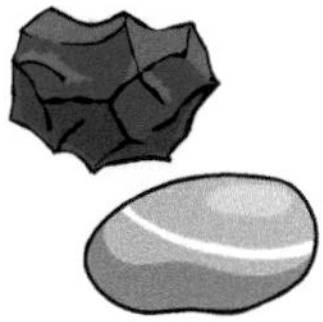

ကြမ်းတမ်း / ချောမွေ့

rough / smooth

ဝမ်းနည်း / ဝမ်းသာ

sad / happy

အတို / အရှည်

short / long

အနှေး / အမြန်

slow / fast

တ်သော / ခြောက်သွေ့သော

wet / dry

နွေးထွေးသော / အေးမြသော

warm / cool

စစ် / ငြိမ်းချမ်းရေး

war / peace

0

သုည

zero

1

တစ်

one

2

နှစ်

two

3

သုံး

three

4

လေး

four

5

ငါး

five

6

ခြောက်

six

7

ခုနစ်

seven

8

ရှစ်

eight

9

ကိုး

nine

10

တစ်ဆယ်

ten

11

ဆယ့်တစ်

eleven

12
ဆယ့်နှစ်
twelve

13
ဆယ့်သုံး
thirteen

14
ဆယ့်လေး
fourteen

15
ဆယ့်ငါး
fifteen

16
ဆယ့်ခြောက်
sixteen

17
ဆယ့်ခုနစ်
seventeen

18
ဆယ့်ရှစ်
eighteen

19
ဆယ့်ကိုး
nineteen

20
နှစ်ဆယ်
twenty

100
ရာ
hundred

1.000
ထောင်
thousand

1.000.000
မီလျံ
million

languages

အင်္ဂလိပ် ဘာသာစကား

English

အမေရိကန် အင်္ဂလိပ် ဘာသာစကား

American English

တရုတ် မန်ဒရင်း ဘာသာစကား

Chinese Mandarin

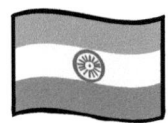

ဟိန္ဒူ ဘာသာစကား

Hindi

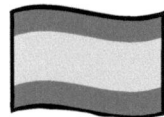

စပိန် ဘာသာစကား

Spanish

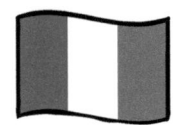

ပြင်သစ် ဘာသာစကား

French

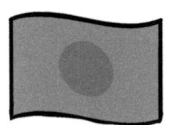

အာရဗီ ဘာသာစကား

Arabic

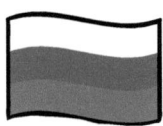

ရုရှ ဘာသာစကား

Russian

ပေါ် တူဂီ ဘာသာစကား

Portuguese

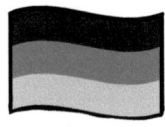

ဘင်္ဂလီ ဘာသာစကား

Bengali

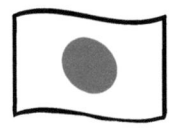

ဂျာမန် ဘာသာစကား

German

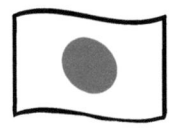

ဂျပန် ဘာသာစကား

Japanese

ကျွန်ုပ်

I

သင်

you

သူ / သူမ / ၎င်း

he / she / it

ကျွန်ုပ်တို့

we

သင်တို့

you

သူတို့

they

ဘယ်သူလဲ။

who?

ဘာလဲ။

what?

ဘယ်လိုလဲ။

how?

ဘယ်နေရာလဲ။

where?

ဘယ်အချိန်လဲ။

when?

အမည်

name

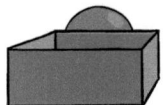

အနောက်ဖက်
....
behind

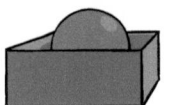

အတွင်း
....
in

အရှေ့ဖက်
....
in front of

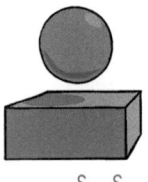

အထက်ဖက်
....
over

အပေါ်ဖက်
....
on

အောက်ဖက်
....
under

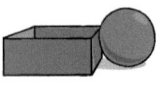

ဘေးဖက်
....
beside

ကြား
....
between

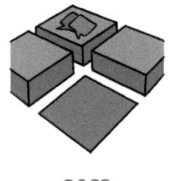

နေရာ
....
place